MAURICE DUMOULIN

CATALOGUE DES INCUNABLES

DE LA

BIBLIOTHÈQUE DE ROANNE

PARIS

LIBRAIRIE ÉMILE BOUILLON, ÉDITEUR

67, RUE DE RICHELIEU

1900

Extrait de la REVUE DES BIBLIOTHÈQUES,

Janvier-Septembre 1900.

CATALOGUE DES INCUNABLES

DE LA

BIBLIOTHÈQUE DE ROANNE

MAURICE DUMOULIN

CATALOGUE DES INCUNABLES

DE LA

BIBLIOTHÈQUE DE ROANNE

PARIS

LIBRAIRIE ÉMILE BOUILLON, ÉDITEUR

67, RUE DE RICHELIEU

1900

CATALOGUE DES INCUNABLES

BIBLIOTHÈQUE DE ROANNE

———

La bibliothèque de la ville de Roanne, comme la plupart des bibliothèques de province, s'est constituée à l'aide des confiscations révolutionnaires.

Sous l'ancien régime cinq grands établissements monastiques existaient dans la région. A Roanne, les Jésuites qu'y avait établis le P. Coton au début du xviie siècle et qui dirigeaient le collège fondé en 1614 par son frère Jacques Coton de Chénevoux; le couvent des Minimes dû à la libéralité d'un membre de la famille de la Mure, M. de Chantois, magistrat à Moulins. A Charlieu, le prieuré des Minimes de l'ordre de Cluny, qui, comme celui d'Ambierle, avait succédé à une abbaye du xe siècle, et enfin les Capucins fondés au xiiie siècle par un bourgeois de Charlieu, Jean Maréchal, et agrandis au xvi^o par Hugues de Châtelus, seigneur de Châteaumorand.

Des prieurés clunisiens d'Ambierle et de Charlieu, il ne nous est rien venu : livres, archives, tout a péri au début de la Révolution : en revanche, les fonds des Jésuites et des Minimes de Roanne, ceux des Capucins de Charlieu, sont parvenus en grande partie à la Bibliothèque, dont ils ont formé le premier noyau. Les livres qui les composaient avaient été versés aux communautés religieuses par de charitables donateurs, dont quelques-uns furent de véritables bibliophiles : c'est ce qui explique le nombre assez grand de belles et rares impressions lyonnaises qui en proviennent, les reliures de luxe et les fers intéressants qui les ornent. C'est M. de Chantois, qui acquit une partie des livres d'Antoine de

Laval, géographe du roi; c'est Chatin, prêtre de Charlieu en Lyonnais (Charilolugdunensis), dont la signature se trouve sur la seule reliure genre Grolier que possède la bibliothèque de Roanne[1].

Mais avant de rencontrer un asile, encore précaire aujourd'hui, les livres provenant des congrégations supprimées, subirent bien des vicissitudes. Entassés, après les décrets de la Constituante, dans les magasins du district de Roanne, ils ne furent placés dans les bâtiments du vieux collège des Jésuites que le 21 prairial an II. Lors de la création de l'école centrale, ils y formèrent la bibliothèque de cet établissement, et en frimaire an VI, malgré cette récente affectation, il restait dans les magasins municipaux une foule d'ouvrages qu'il était ordonné de vendre, ordre auquel il fut sursis fort heureusement. L'école centrale devint école secondaire, puis collège de l'Université impériale, les livres de la Bibliothèque demeuraient toujours dans les bâtiments scolaires, forcés d'émigrer à chaque instant par suite du développement du collège et des nécessités du service, jusqu'en 1845 où ils furent transportés dans l'ancienne mairie, et de là, après 1876 dans le nouvel Hôtel-de-Ville, où ils sont encore.

Durant plus d'un demi-siècle les ouvrages qui devaient composer la Bibliothèque de la ville de Roanne, furent donc livrés à tous les hasards et à toutes les destructions; ils portent encore la trace de nombreuses mutilations, qu'il est même étonnant de ne pas trouver plus complètes. Les débris, même informes qui subsistent de livres disparus, peuvent être encore de quelque utilité, et, à défaut des volumes, les couvertures recèlent parfois dans le cuir qui les couvre, bien des pièces rares, bien des feuillets curieux, quelquefois aussi des pièces uniques.

C'est en procédant à la déréliure de ces couvertures qu'il nous a été donné de mettre au jour les fragments suivants, que Mlle Pellechet a bien voulu identifier avec son aimable érudition.

1° Trois feuillets du psautier clunisien de 1493. 1er feuillet signé 4 commence sous une ligne de plain-chant : K (en rouge) Atherine collaudemus virtutum insignia cordis / ei presentemus et oris obsequia. Se termine au recto ainsi : U (en rouge) erbo vite solidatur pro / fuit porphirius cundu... / tis decollatus migrat...

---

1. S'il était permis de se citer, je renverrais les lecteurs curieux des reliures et des inscriptions manuscrites à mon essai *A travers les vieux livres* (1 br. in-4° 42 pp. pl. et grav. Roanne, imp. Roustan, 1895.)

2ᵉ feuillet signé B, plain-chant : au-dessous... quia incolatus meus prolongatus est. p̄s (en rouge) : Lettres initiales gothiques imp. en noir, dans les espaces laissés vides par les traits, profils grotesques.

Au recto, le feuillet se termine de la manière suivante... grare iussisti. in pacis ac lucis regione constitua...

3° feuillet contient le colophon. imp. en rouge :... psalterium secundum consuetudinem ecclesie cluniasensis/... s cluniaci Anno domini M cccc lx xxx iij. die. xxij./... anuarii per ingeniosum ac industriosum virum ma/... ichaelem Wensler Ciuem Basiliensem.

Au-dessous la marque impr. en rouge.

Impr. à longues lignes (190×285) en caractères goth. de deux couleurs, noir et rouge.

Ces trois feuillets, a bien voulu nous dire notre éminent maître, M. Léopold Delisle, démontrent l'existence du psautier de Cluny, que par un acte original du 5 mai 1493 existant à la Bibliothèque Nationale, le chapitre impose aux différentes maisons de l'Ordre. Le Missel de Cluny, imp. en 1493 et le Bréviaire du même ordre, imprimé en 1492 existent, mais, comme on n'avait pu trouver d'exemplaire du psautier de Cluny, on en avait nié l'existence et on l'avait identifié avec le bréviaire. M. Léopold Delisle n'a jamais admis cette identification, l'événement lui a donné raison[1].

2) Deux feuillets d'un psautier de Cluny in-f° imp. par Wensler, à deux colonnes, caract. goth. rouge et noir. Le 1ᵉʳ feuillet signé j se termine de la sorte ÿ (en rouge) O ra pro/ populo interuenienti pro clero intercede pro/ deuoto femineo sexu. Sentiant omnes/ tuum iuuamem. quicumque celebrant tuam con/... Second feuillet v° fin de la 1ʳᵒ col. imp. en rouge : Item post sextam priuatis diebus psal./...

3) Deux feuillets d'une table d'un ouvrage de théologie, contenant une partie des lettres Q. V. I. car. rom. Le titre courant du feuillet contenant la lettre Va (Valerius) porte en caract. goth. Precipuarum sente (tia) rum ac ma (t) eriarum.

4) Deux feuillets des satires de Perse, imp. à longues lignes en caract. goth. Le texte est encadré d'une glose en plus petits

---

1. Cf. *Livres imprimés à Cluni au* xvᵉ *siècle.* Rapport de M. Léopod Delisle sur une communication de M. Maurice Dumoulin. Extr. du *Bulletin historique et philologique,* 1896. Paris, Imp. Nat. 1897, in-8°, 15 p., pl.

car. L'un des feuillets porte la signature L. 4, l'avant-dernier vers du texte est celui-ci : Egregios lusisse senes mihi nunc ligur et ora/... la fin de la dernière ligne de la glose : Urbs c̄m̄ in hetruria ad macre fluminis.....

Vraisemblablement imprimé à Lyon par Syber; il existe de cette édition un exemplaire à la bibliothèque de Niort.

5) Trois feuillets d'un ouvrage sur Aristote imp. sur deux colonnes à Lyon par Dupré ou un de ses contemporains, caract. goth. de deux grosseurs. 1 feuillet signé q: se termine, fin de la 1ʳᵉ col..., Modi / aūt huius fallacie sunt valde multi. f. toti / dem quot modis contingit arguendo vel /... Au vᵒ, au milieu de la 2ᵉ col. Tractatu fallaciarum finito. Buri / danus ponit aliquas speciales doctrinas/ ... 2ᵉ feuillet sign. qij titre courant, de fallaciis, au bas de la 2ᵉ col. en petit car. Finit tractatus septimus / au dessous, en plus gros car. Sequitur tractatus octauus. Au milieu de la 1ʳᵉ col. en petit texte. Capitulum de modo saluendi.

6) Deux quarts d'une affiche concernant le pardon de Nogent-le-Rotrou; caract. goth. de deux grosseurs. Premier quart supérieur droit. Le pardon de Mon /sieur Sinact (sic) Jehan / de Nogent le Rotrou, entre deux grav. sur bois; celle de gauche coupée ne laisse voir qu'un prêtre nimbé et pieds nus, la main gauche relevant son manteau, la main droite levée, les yeux dirigés vers le ciel; celle de droite représente saint Jean entre deux arbres, le saint nimbé, vêtu d'une tunique, jambes nues, couvert d'un manteau; il tient l'agneau nimbé et une croix avec une flamme; l'index de la main droite désigne l'agneau. Au-dessous une croix et une étoile. Plus bas, le texte; la 1ʳᵉ ligne est en gros caractères : ...t la declaration des grans biens Spiritu /... ntez Donnez aux Bienffaicteurs de la noble Église collégialle de monsieur sainct Jehan Baptiste de No/ — en gros caractères ...ouenge de dien (sic) et de toute la court celestiel (sic) /...is. Nous auons receu certains mandemens de Reuerend pere en dieu nostre souuerain prélat Monsieur Leo / ...Chartres. Par la vertu desquelz il nous mande et expressement commende en vertu de saincte obedience que nous / ...rons les grans biens spirituelz donnez aux bienffaicteurs de la noble Église de monseigneur saint Jehan bapti / ...le Rotrou ou gist et repose la ... — Quart inférieur droit : ... lhorrible et trescruelle maladie caducque dont les chrestiennes sont tor... / dant sens memoire et congnoissance de nostre seigneur

Jesuchrist. / (en gros caractères) Et premierement (en petit car.)
Est necessite de demander layde et se... / tion et tresgrende ruyne
de la dicte egl... / bée en grant decadence. A laquelle les doien et
chapitre ne sauroient subuenir sans layde... / rend pere en dieu
monsieur Leuesque de Chartres nostre souuerain prélat a ouuert
le... / sion de Jesuchrist a donne a tous les bienffaicteurs q'y
doneront ou enuoieront de leur... / ...ement du diuin seruice
faict en ladicte eglise pour tous lesdictz bienffaicteurs et leu... /
(en gros car.) Item Reverend pere en Dieu monsieur leuesque de
Chartres... stre souu... / du bon peuple chrestien et qui donneront de leurs biens a leur deuo... / viuans et trepassez... les
messes vigilles, prieres suffrages, aulmosnes ieu... / ront faictz
en toutes les eglises de leuesche de Chartres qui est nostre diocèse
qui e... / pere et mere et amys trespassez des horribles peines
du feu de purgatoire. / (en gros car.) Item. (en pet. car.) Messieurs
les doien et chapitre du venerable college de lesglise de n... /
dicts bienffaicteurs qui donneront ou enuoieront de leurs biens
en... / ses matines, prières, oraisons, voiages, pellerinages qui
sont et seront faictz... / gent, en laquelle eglise est faict et acom-
ply le diuin service de dieu comme en leg... / et tresor lequel on
ne pourroit destimer : tant pour les viuans que pour les ames des
... / Item Reuerend pere en dieu monsieur leuesque de Chartres
nostre souuerain pr... / lesdictz bienffaicteurs y donneront de
leurs biens (en gros car.) Item (en petit car.) Ledit prelat de sa
grande béniuolence aux bienffaicteurs qui en fra... / cures ou
chapellains ou leur commis les puissent absouldre deca... / qui ne
commectent aucun diceulx cas reseruez desquieulx les cures ne
chapellains ne... / nement le pecheur. Par quoy est bien utile
et prouffitable a gens deglise et autres do... / acquerir en son
eglise donnant de ses biens en charité à sa deuotion et bonne
voulenté... / (en gros car.) Item (en petit car.) Nest pas a oublier
que toutes femmes grosses denfant doibuent au... / est en leur
ventre en la protection et saluegarde dudict saint Jehan ba... /
fons de Baptesme, et que les saincts sieges de paradis puissent estre
remplis. / Et pour acquérir lesd. graces et indulgences. Il con-
vient donner de ces biens chascun... / or, argent rompu ou cassé :
fil, linge ou autres biens selon leur discretion et bonne voulen... /
grace de dieu le createur : et estre preserue et gardé de la peril-
leuse et horrible maladie de n... / Benoist soit il de Dieu qui bien

y fera : et qui les pourchassera en... / (en gros caract.) Le iour
pour donner les aulmosnes... / (en pet. car.) dons sera le iour de
Pasques. Et commenceront la vigille et vespres. Et fineront led
iour.

La correction du pontificat de Léon X date ce placard des pre-
mières années du xvɪᵉ siècle.

7) Un fᵉᵗ d'un missel clunisien du xvᵉ siècle, in fᵒ, imp. à deux
col. (231×78), car. goth. deux coul. noir et rouge. 30 lign. c'est le
fᵒ CLXXXVIII, qui commence ainsi : cognoscit auxilium. Per. (en
rouge) Communio. / la 2ᵉ colonne se termine par ponti. galacie.
capadocie. asye. / 1ᵉ col. du vᵒ : et bithinie : secundum prescienti-
am / dei patris. in sanctificatione spi / ritus., la 2ᵉ col. finit de la
sorte : Et quodcumque ligaueris su / per terram ligatum et in
ce / lis. Et quodcumque solueris super /

C'est la même impression que le Missel de Mâcon, décrit plus
bas sous le nᵒ 48, mais les pages portant le même numéro sont
dissemblables ; ce fᵉᵗ ressemble aussi au missel de Cluny de 1493,
mais il y a des différences dans la composition excepté dans la
col. 1. recto.

8) Deux feuillets du *Propriétaire des choses* de Barthelémy
l'Anglais ou B. de Glanvilla, édit. du xvɪᵉ s. l'un des feuillets est
signé M iii et commence le chap. XXVIII. "Dung arbre appelle
zezoule" Vignettes. imp. en car. goth. 2 col.

9) Le fᵉᵗ L du De regulis juris. imp. en 2 col. car. goth. glose
encadrant un petit texte. Edit. lyonnaise xvᵒ s.

10) Dernier cahier des heures de Kerver. Paris, 1508. Colophon.
Les présentes heures à l'usage de/ Rome furent achevées le xj
iour de May. Lan mil cinq cens et viij par/ Thielman keruer,
imprimeur et libraire iure de luniuersité de Paris/ demourans à
leuseigne du Gril en la/ rue Saint Jaques en ladicte uniuer/site.
Caract. goth. encadrement gravé ; le même feuillet existe à la Bib.
Nat. B. 27832.

11) Un feuillet de titre portant cet intitulé : (S) — lettre ornée
grav. sur bois (en rouge) — ermones super domi (en noir) nicam
orationem compilati ad summum/ dei honorem et gloriam, atqué
in christiano/ rum fidelium eruditionem prepositi, eiusdem/ sacre
dominice orationis verba compendiose, locul enter,/ salubriterque
explanantes (en rouge) Rothomagi (en noir), impressi, per
(en rouge) Ricardum Goupil : (en noir) pro (en rouge) Radul-

pho Gaultier (en noir) bibliopola commorante in parrochia Sancti (en rouge) Martini (en noir) juxta pontem. Au-dessous, grossière gravure sur bois représentant l'auteur dans une chaire près d'un pupître chargé de livres, dictant à un scribe agenouillé à ses pieds. Au recto, lettre ornée. A, barrée par le haut, des branches de cette barre supérieure pend à droite une hermine, à gauche, une fleur de lys, la lettre est surmontée d'une couronne royale fleurdelisée ; entre les jambes de l'A, tête du Christ. (A) D honorem / et gloriam San / ctissme trini / tatis patris / et filii... caract. goth.

12) Deux feuillets des heures de Pigouchet, Caract. goth., encadrement orné. Sur un fragm. du dernier feuillet — (Heu)res a lusaige... (le) ii. iour de iā. (vier) (M CCCC lxxxx) et xiiii. Pour (Simon Vostre) (dem)ourant à Pa(ris) (rue Neufve notre dam) e à lenseigne (de St Jean l'évangéliste).

13) PEROTTUS (N.) Grammatica. Édition parisienne, caract. goth. de deux grandeurs. tit. courants. chiff. (132-85) un feuillet signé B 37 ll. tit. de generibus nominum. chiff. i x. Hec vult nomen in is : (plus haut en pet. car. ut piscis) sed scis finita vel in nis / (plus haut en pet. car. ut ignis).

14) PEROTTUS (Nicolas) Grammatica — 5 feuillets signés. k, kij, n iiij Q v Z iiij petit car. goth. init. gravée. titres courants, feuillets chiffrés, vign. 48 ll., manchettes, impr. à longues lignes (143×87) fº cix. Signé Q. v. Hec sunt mi Jacoba. que de metris ad te inpsentiarum conscripsimus : ubi / quametsi in me fuit : seruato ordine :... 8 l. Nicolaus perotus Celio peroto fratri charissimo. salutem.　　　　　Impression lyonnaise (?)

15) GREGORIUS IX Decretales cum glosa, fragments d'un in-fº, 4 frag. feuillets, imp. à 2 col. caract. rom. le texte est entouré d'une glose.

Imp. à Mayence par P. Schœffer 1473. Hain * 7999. L'exemplaire complet est à la Bibl. Nat. E. 797.

Tous les fragments qu'on peut trouver n'ont que rarement la valeur de quelques-uns décrits plus haut, mais leur découverte prouve que dans une bibliothèque, si peu importante qu'elle soit, rien ne doit être négligé, rien ne doit être jeté au rebut qu'après un sérieux examen et qu'avant de se défaire des doubles ou des incomplets, on doit se livrer aux plus minutieuses investigations.

CATALOGUE DES INCUNABLES

DE LA BIBLIOTHÈQUE DE ROANNE

1 (42)[1]. **Albertus Magnus** Compendium Sacræ theologiæ
1 vol. in-8° (86×133),sans titres courants ; signatures a ij à z. imp.
en caractères goth.(35 l.) 181 f^ets non chiffrés. Titre : **Compendium
sacre theologie.**

1° a ij. In nomine sanctissime et indiuidue trinitatis. Incipit pro /
logus in compendium theologice veritatis.

Au recto, table des chapitres.

Explicit. Compendium theologice veritatis. Explicit feliciter.

Au dessous, marque d'imprimerie.

Mlle Pellechet qui a vu cet exemplaire l'attribue à Guill. Bal-
sarin, imprimeur à Lyon, et le date de 1490.

2 (14). Ambrosius (S.). — Epistolæ et Sermones.
4 part. en 1 vol. in f°.

1ere partie.91 f^ets non chiffrés, titres courants, signatures a 4 o 4,
caractères romains pour le texte, gothiques pour les manchettes
(140×221.). Les trois premiers f^ets manquent, la lettre initiale du
f^et a 4 a été coupée au canif. Colophon : Præclarissimum opus
epistolarum disertissimi uiri : sancti Ambrosij episcopi : elegantis/
simo stilo conscriptarum : ad laudem dei in urbe Basiliensium
per magistrum Johannem / de Amerbach impressum : Anno
salutiferi uirginalis partus nonagesimo secundo su / pra millesimum quaterque centesimum. Fæliciter finitum est.

2° 3° et 4° partie 194 f^ets.

---

1. Les numéros entre parenthèses sont ceux du catalogue de la Bibliothèque pour la
série incunable ou pour les autres séries.

N.-B. — Les mesures sont prises en millimètres. Comme très souvent les volumes
ont été rognés, on a pris la hauteur et la largeur de la composition. Lorsque le texte
comporte deux colonnes on a mesuré de la sorte une seule des deux colonnes.

2e partie. Feuillets non chiffrés, titres courants, manchettes, espace pour les lettres initiales, signatures de a à n5. imp. à deux col. en caractères gothiques de deux grosseurs (68 × 224). 52 lignes.

Le titre a été arraché. Le feuillet a commence : Epistola gratiani Augusti ad bea / tum Ambrosium mediolanensem / episcopum : vt ad se docendum vere fidei / doctrina venire festinet petentis.

3e partie Indicat. typ. ut supra. Signatures a2 à f. 4 Titre :

$$\text{Libri amb. de}\begin{cases}\text{virginibus.}\\\text{uiduis.}\\\text{et cetera.}\end{cases}$$

Feuillet a. Sancti : deuoti : disertissimique ec / clesie doctoris Ambrosii Mediola / nensis episcopi ad Marcellinam so / rorem suam De virginibus Liber primus incipit.

4e partie. Indicat. typ. ut supra. Signatures a2 à g. 6 Titre : Sermones sancti Ambrosij / Episcopi Mediolanensis. Au dos : Sermonum sancti Ambrosii Mediola / nensis episcopi : iuxta ordinem temporum qui / bus congruunt : breuis annotatio.

Feuillet a 2. Sancti : deuoti : disertissimique ec / clesie doctoris Ambrosij Mediolanensis episcopi : opus sermonum iu / xta tempora ac dies quibus conueni / unt distributorum : cunctis gregem christi docere & commonere cupientibus plurimum utile : feliciter incipit.

Les trois derniers feuillets sont occupés par une table.

Colophon : Explicitum est opus sermonum beati Ambro / sij episcopi Mediolanensis : Basilee per magistrum / Johannem de Amerbach : Anno salutiferi / virginalis partus nonagesimo secundo su / pra millesimum quaterque centesimum.

(Hain 896).

Reliure ais de bois recouverts de peau de daim.

3 (45). **Anselmus** (S.). Opuscula. 1 vol. in-8° (45×148) 204 f^{ols} non chiffrés, paginés en partie à la main titres courants, imp. en caract. goth. à 2 col. (50 lignes). Signatures A2 à B5, a à z. 5, z.

Titre. — Opuscula beati Anselmi / archiepiscopi Cantuariensis ordinis Sancti Benedicti.

Au dos. Opusculorum siue librorum in hoc / volumine contentorum annotatio.

f° A 2. Annotatio principalium sententiarum, en titre courant.

Dans la première colonne : Principalium sententiarum / iuxta alphabeticum ordinem / opusculorum beati Anselmi / Archiepiscopi Cantuariensis / Annotatio.

f° a. Beati Anselmi archiepi / scopi Cantuariensis in libel / los duos contra gentiles : quos : / Cur deus homo : nominauit : / Prefatio.

Pas d'explicit général. A la suite du calophon du *de imagine mundi*, on trouve Inuocatio matris virgi / nis marie simul et filii eius et Ex gestis Anselmi colliguntur / forma et mores beate Ma / rie & eius unici filii iesu.

Rel. anc. veau estampé, dos raccom. ais de bois. Annotations marginales. En plusieurs endroits du volume, à la peinture rouge est écrit : *Jacobus fosserii 1502. Kalend. Aprilis.* Sur la page de titre on lit: *Fossery de bourg en bresse 1575* et plus bas : *Ad usum ff. Capuciniorum conuentus Carilocensis.*

Au dos du dernier f°¹ mss. vers latins sur des sujets religieux.
A la fin qqs. feuillets arrachés.
Hain * 1136.

4 (35). Antoninus Summa 4ᵉ partie. 1 vol. in f° (64×203) titres courants, signatures a à z, ꝛ. ꝸ. ꝫ. A à N.; imp. à 2 col. caract. goth. (55 lignes) 368 feuillets non chiffrés.

1° feuillet v° Francisci Moneliensis in quartam partem uenerandi / uiri Antonini antipresulis florentini epistola.

f° a 2 Proemium in quartam partem Summe / domini Antonini archiepiscopi florentini ordinis praedicatorum.

f° a 3 au 1/3 de la 1ʳᵉ colonne. Titulus primus huius / quarte partis de uirtuti / bus in generalis.

f° a 4 v°. Actum hoc opus venetiis emendatissimum enu / cleatiusque castigatum ex inclyta atque famosa offi / cina domini Nicolai Jenson Gallici olympiadi / bus dominicis. Et anno Millesimo quadragente /simo octoagesimo decias quartas calendas maias.

Exemplaire incomplet; il manque le feuillet a5 et 4 feuillets à la fin.

Rel. anc. ais de bois, maroquin au petit fer, très endommagée.
Hain *1243.

5 (21). **Arbolayre** 1 vol. in-f° (63×210). s. l. n. d. 209 feuillets

non chiffrés. (chiffrés anciennement à la main), sans titres courants, signatures A2 à Y. 5, Aa à Ff. 5.; imp. en caractères goth à 2 col. (39 lignes). Lettres capitales gravées sur bois, figures dans le texte, q. qs unes numérotées.

Feuillet A2. Les remèdes pour / les maladies de la teste seront treu / uées es chappitres. si comme il sera de / clairie.

Feuillet D. Lexposition des mos obscurs et / mal cognus par l'ordre des letters (sic) / de. a. b. c. ec.

Feuillet D4 v° **Prologe** / En ceste presente beson / gne est nostre propos / et intention de trai / tier de simples mé / dicines.

Finit ainsi : En traictant de chascune médi / cine premierement sera monstre la / complexion. cest assauoir se elle est / chaude. froide. moite ou seche. Et / puis apresse (sic) cest arbre ou abrechel / herbe ou rassine. fleur. semence. feul / le. pierre. ou ius. ou aulcune aultre / chose puis après quantes manie / res il en font. et en quel lieu on la / treuue. et lesquelles manieres sont / les meilleurs (sic). Et de ce que ce font comme on les fait. Et comme on le / sophistique. et comme on le cognoit / Et combien on les peut garder. Et / quelles vertus ils ont et comment. / Et sera la traittie par les lettres de a. b. c.

Dernier feuillet : Et pour euiter prolixi / te. Ce est fin de ce liure ou quel sont / contenues les secres des herbes. et / communes medicines et drogues a / vray translater de latin en françoys / et bien corrigées se / lon pluseurs do / cteurs de medecine mesmoment se lon / ysaac rasis plateaire et constantin louher et begnit soit la (sic) souuerain / createur qu'il a tout creer (sic) par sa in / finie puissance. Amen.

Rel. anc. ais de bois raccom.

A la fin de l'Explicit se lit, effacé : *Pour Mᵉ Guillaume molle prebstre de notre dame de montbrison 1546 || Molle.* Au dessous : *Benoist fort clerc et prebandier de nostre dame de Montbrison.* en dernier : *Des livres de Denis de Peacieu pharmacien de Montbrison.*

6. Aristoteles. Opera moralia. Série d'opuscules reliés en un vol. in f° (139×201).

1° 104 feuillets non chiffrés, titres courants. Signatures de a ij à n iiij. Caract. goth. de deux grosseurs pour le texte et la glose.

Feuillet de titre, grav. sur bois. Le cartouche central entouré de guirlandes enchaînées se termine, au bas par un médaillon ornementé d'arabesques ; en haut par un écusson : au trois fleurs de lys, sommées d'un nuage, d'où sort une main tenant un livre ; à côté, des anges tiennent une draperie. Au centre du cartouche :

Decem / li / brorum / Moralium / Aristotelis tres / con / uersiones : Prima Argy / ropoli Byzantii secunda Leonardi Aretini / tertia vero Antiqua per Capita et numeros / conciliate : communi fa/miliari que commenta/rio ad Argy / ropilum / ad = i e c t o.

Au revers : Jacobus Stapulensis : Reuerendissimo patri Joanni Rellico : Episcopo An / degauensi et confessori regio : virtutum Columini. Feuillet a ij. Opus Aristotelis de Moribus ad Nicomachum ; Johanne Argyropilo Byzantio tra / ductore adiecta familiari Jacobi Stapulensis commentatione. Suit l'analyse des chapitres et la table des rubriques. Explicit : Decimi et ultimi Ethicorum Aristotelis interprete Argyropilo Byzantino : et Jacobi Stapulensis ad / iuncta familiari commentario finis.

Absolutum in Alma Parhiseorum academia Anno / domini Virtutum saluatoris que mundi 1497.

Notes marginales mss.

2º 22 feuillets non chiffrés, titres courants, manchettes, signatures o, à q iij. caract. goth. 51 lignes.

Au verso de la dernière page du précédent opuscule se trouve l'avis suivant :

In sequentibus libris interdum paucula vocabula greca interseruimus : presertim in anti = qua traductione ob litteram atque orthographiam iam multis annis viciatam. Qua in re nullus nos culpare debebit : si id preter professionem nostram fecerimus. Non enim / id michi arrogo : neque ostentandi gratia sed rei litterarie opem afferendi quan / tum potuimus : factum putetur. cum huic presertim rei nobis ferme de / essent et caracteres codices que et opifices. Item interdum utemur / hoc loquendi modo ac si diceremus ab herus deducitur heri = / le (quo rudiores deriuationum origines promptius inue / niant) ut apo tou trapeza, apo tou ethos : cum me non la / teat tritidici solere apo tes trapezes apo/ tou ethou z filia : ut ab hero herile / sed paruula sunt hec, et de / quibus ammonuisse : ferme superna / caueum / est.

A la suite, ces vers :

G. Gonterius ad lectorem.

Est opus ductore : iter ut capessis.

Haud secus morum ut studium assequaris :

Ceu ducem quendam sequere hunc libellum.

Copiam fului reputant metalli

Rem nimis grandem : modica illa cum sit.

Magna rés virtus probitas que sola est.

Sic Plato sic et bibitor Cicute

Socrates sensit. Capias benigne :

Candidi lector studiose honesti.

Hi graves sumptus et onus tulere

Unus Hichmanus Volegangus alter.

Et dauid mendas reluit Britannus

Qui sui prosint cupiunt labores.

Haud semel sat sit legere, at necessum est :

Pluries, quod si facias : valebis.

Vale.

Fᵉ oi Jacobus Stapulensis Guillelmo Budeo secretario / regio : bonarum litterarum studiis addictissimo.

Au verso.Concordia Magno / rum Moralium Ari / stotelis et Ethicorum eiusdem per nume / ros facta...

fᵉᵗ o ij Aristotelis Magnorum Moralium liber primus Georgio Valla placentino interprete.

Explicit : Finit Leonardi Aretini Introductorius de moribus dialogus cum Marcellino / Instar dialogi Aristotelis cum Eudemio amico. Finitum in alma parhisiorum / litteraria diatriba anno domini virtutum Saluatoris mundi 1497.

3° 36 fᵉᵗˢ non chiffrés. Titres courants, signatures ai à cij. Caract. goth. 51 lignes.

fᵉᵗ ai, Aristotelis Stagyrita Ethicorum liber primus ad Nicomachum Inter / preta Leonardo aretino. Caput primum.

Explicit : Decimi Ethicorum Aristotelis / Ad Nicomachum in / terprete Leo- / nardo Are / tino Fi / nis. /

In alma Parhisiorum Academia. / 1496.

4° 38 fᵉᵗˢ non chiffrés. Titres courants. Signatures Ai à Eiij. Caract. goth.

fᵉᵗ Aj Aristotelis Stagyrite Operis ethicorum ad Nicomachum antiqua traductio.

Explicit : Hec opera continentur : adinuicem hoc ordine conciliata.

Primo Decem libri Ethicorum Aristotelis ex Traductione Argyropili Byzantini.

Commentarius in eundem.

Secundo. Magna Moralia Aristotelis Interprete Georgio Valla Placentino.

Tertio. Dialogus Aretini ex paruis moralibus Aristotelis ad Eudemium.

Quarto. Artificialis introductio per modum Epitomatis In decem libros Ethicorum Aristotelis.

Quinto. Decem Ethicorum Aristotelis ex traductione Leonardi Aretini.

Sexto. Iidem Ethicarum libri decem ex Antiqua traductione.

Omnia uno volumine comprehensa et diligentissime recognita : quo ad beate viuendum / nullum desit studiosis presidium nullum enim utilius studium existimavit Socrates et universa / vere philosophantium schola : et in quo ad probitatem incitamur et ad virtutum accendimur / amorem. Et absoluta sunt impensis sumptibus et diligentia Joannis Higmani et Volgangi / Hopilii in hac litterarum formularia arte sociarum in almo Parhisiensiensium studio Anno ab incarnatione domini virtutum 1497 12 aprilis.

A la suite : J. Stapulensis Virtutis Syncriticum carmen ad Paulum Emilium.

Le reste du volume est formé de deux autres ouvrages : l'un imprimé à Paris par Henri Estienne le 7 mai 1502 ; l'autre à Bologne par Benoit Hector le 26 oct. 1501.

L'intérieur de la couverture de la fin du volume contient ce distique écrit à l'encre rouge :

Inueniat si quis desertum hoc forte volumen
Reddat ut umbrifferos non petat ipse laris.

Fougnouze secretere loyal.

Rel. veau fauve, richement estampé d'arabesques : bordure de fleurs de lys. Dos raccom.

Hain, très courte description. 1761.

7 (4). Augustinus (S.) De Civitate Dei. Romae Conradus

Sweynheim et Aruoldus Pannartz. 1470. Feuillets non chiffrés, caractères romains, 46 lignes, sans signatures, ni titres courants, 1 vol. in-f° (167×251). Lettres initiales des têtes de chapitres peintes et dorées ; au feuillet 15, encadrement de la moitié de la page peint à la main ; lettres capitales du corps du texte rehaussées de rouge, de bleu ou de vert. 291 feuillets. Feuillet 1. Aurelii. Augustini Hipponensis Episcopi de / Ciuitate dei primi libri incipiunt Rubrice. Les rubriques tiennent du feuillet 1 au feuillet 14. Feuillet 15. Aurelii Augustini Hipponensis episcopi In libros de Ciuitate / dei. Argumentum operis totius. ex libro retractationum. Colaphon :

   Aspicis illustris lector quicunque libellos
   Si cupis artificum nomina nosse : lege.
   Aspera ridebis cognomina teutona : forsan
   Mitiget ars musis inscia uerba uirum.
   Conradus Suueynheym : Arnoldus pannartzque magistri
   Rome impresserunt talia multa simul.
   Petrus cum fratre Francisco Maxi uus ambo
   Huic operi aptatam contribuere domum.
         M D CCCC LXX

Au haut de la première page, on lit : *De Conuentu patrum Minimorum Roannensium ex dono Domini ioannis Valentiani iudicis Roannenssis integerim.* Après la date de l'explicit *Amedeus Poculati.*

Reliure bois : la peau a été enlevée. Une seule attache d'un fermoir est restée.

(Hain * 2049. Pellechet. Incun. de Lyon, p. 29).

8 (11). Augustinus (S.) Expositio psalmorum. 3 parties en 1 vol. in-f° (70×245) 537 feuillets non chiffrés, signatures, imp. à 2 col., 54 lignes, caractères gothiques de 2 grosseurs, manchettes. Rel. ancienne, ais de bois, peau en mauvais état, dos raccom. 1re partie. Titre : Aurelij Augustini Pri / ma Quinquagena. signatures de a 2 à x 5.

Explicit : Diui Aurelij Augustini Hipponensis / episcopi de quinquagesimo et ultimo prime Quin / quagene psalmo Tractatus feliciter explicit.

2e Partie. Titre. Aurelij Augustini se / cunda quinquagena.

Signatures A à E E 5.

, Explicit : Diui Aurelij Augustini Hipponensis / episcopi de centesimo et vltimo secunde Quinquagene psalmo Tractatus feliciter explicit.

3ᵉ partie : Titre. Aurelij Augustini / tertia quinquagena ; signatures j 2 à 28.

Colaphon : Post exactam diligentemque emendatio / nem : Auctore deo : perfectum est insigne atque pre / clarum hoc opus explanationis psalmorum : / Diui ac magni doctoris Augustini. Opus reuera maiori commendatione se dignum exhi / bens legentibus quam quibusuis bis explicari / possit : vt et ex prefatione et prologo ipsius euidenter colligi possit. Quanto vero studio et acu / ratione castigatum : emendatum : et ordinatum / sit : hi iudicent qui illud alijs similibus sibi : / siue manu scriptis : siue ere impressis litteris contulerint. Consummatum Basilee per / magistrum Joannem de Amerbach. An/no Domini M. cccc. lxxxix. (Hain, 1791).

Sur la page de titre : Ad usum Capminorum Roanæ catalogo Inscriptus : ailleurs : *Hesnardus*.

9 (26). Augustinus (S.) de ciuitate Dei. 1 vol. in-4° (50 × 180). Titres courants. signat. a. 1 à z. 5. A 1 à D. 5.

Imp. en caract. goth. à 2 col. 46 l. par colonne, 295 feuillets non chiffrés.

Fᵒ a 2. Aurelii Augustini de ciuitate dei primi / libri incipiunt rubrice.

Cette table est signée a 2. 3. 4. pour les 3 premiers feuillets aux huitième, neuvième, dixième et onzième, 5. 6. 7. 8.

fᵒ a 1. Aurelii Augustini Episcopi de ciuitate / Dei Liber Primus Feliciter Incipit.

Explicit : Aurelii Augustini De Ciuitate Dei / Liber XXii. et ultimus feliciter finit : / Impressumque est opus hoc a diligenti / magistro Gabriele Petri de Taruisio / M. Cccc. Lxxv. existente Petro Mo / cenico duce Venetiarum / Venetiis.

Au dos de la couverture, près du premier feuillet se lit l'acte de naissance d'un La Mure[1] ; au feuillet a 2 de la table : *Ex dono domini de Champtoys de conuentu minimorum roannensium.*

Rel. anc. veau estampé, ais de bois, notes marg. mss.

Hain *2052.

---

1. Maurice DUMOULIN. *A travers les vieux livres*, p. 23.

10 (2). **Balbus** (Johannes) de Janua Catholicon. s. l. n. d. 1 vol. in f° (88 × 300). Reliure ancienne, ais de bois, la peau de veau gaufrée est en partie arrachée. 340 feuillets non chiffrés; signatures de *a* à *z* et de A à S v. Lettres initiales en vermillon, lettres capitales rehaussées de jaune. Caractères goth. 2 col. de 65 ll. Titres courants.

Feuillet a r° *Incipit summa que uoca* / tur catholicon edita a fratre Johanne de ianua ordinis fra / trum predicatorum.

Dernier feuillet. *Immensas omnipoten* / ti deo patri et filio et spiritui sancto gratiarum referi / mus actiones. Qui nostrum catholicon ex / multis et diuersis doctorum texturis elaboratum atque / contextum. Licet per multa annorum curricula in millesimo / ducentesimo octogesimo sexto. Anno domini nonis martii ad fi / nem usque perduxit. Pro quo hoc solum mihi ad modum ne / cessarium a vobis humiliter deposco fratres et domini mei. inquan / tum peccatores fratres mei. inquantum iusti domini mei. Quate / nus per me peccatore philocalo tamen ad deum preces porri / gere velitis. Ut vestrarum precum interuentu omnium meorum a / deo percepta peccatorum venia. Ad terram apostolicam : ad terram / elysiam. i. extra lesionem positam. ad paradisi videlicet gaudia / una vobiscum valeam peruenire. ubi regnat examussim dominus / noster ihs xpc dei filius benedictus in cuius nomine flectitur om / ne genu celestium : terrestrium et infernorum. Cui est honor & glo / ria : et magnitudo & magnificentia : virtus et potestas : regnum et / imperium in secula seculorum. Amen.

Au-dessous se trouvait la marque de l'imprimeur qui a été découpée.

D'après la description donnée par le catalogue des Incunables de Lyon, on peut attribuer l'impression de cet exemplaire à l'imprimeur Lyonnais Johannes Syber, et le dater approximativement de 1490.

Le feuillet yij présente de remarquables défauts d'impression. Au bas de la première colonne l'encre n'a pas noirci certains mots; de même dans le second tiers de la deuxième colonne.

Au feuillet Qvj un espace est tombé en travers de la composition et a brisé les lettres d'une partie des lignes (18 à 22).

Au premier feuillet au-dessous de l'incipit et au bas du dernier feuillet est écrit : *Loys Bulet 1555 26 Juillet.* (Capucins de Charlieu).

11 (39). Bernardinus (S) Sermones. 1 vol. in-8° (55×164) titres courants, signatures a 2 à 34, ɀ, ℀, ?, A à B., imp. en caract. goth. à 2 col. (49 l.) 264 f^{ets} non chiffrés.

Titre. Sermones sancti bernardini ordinis minorum f^{et} a 2. imp. en rouge : Incipit tractatus de chri / stiana religione pro tota / quadragesima Editus per / sanctum bernardinum de / senis ordinis minorum.

Et / primo ponitur prohemium / adsequens opus ubi chri / stiana religio diuersimo ; / de commendatur Dominica / in quinquagesima de maē. / Prohemium.

f° K. titre courant : De pestifera detractione. 1ere col. : (+) *Ertius vero radicale* / peccatum uñ detractio generatur et / crudelis...

Explicit : Virtutum seminarium ad beate ac bene vivendum morum reformatiuum de religione cristiana san / cti Bernardini de senis pro tota quadragesi / ma feliciter explicit.

Pas de table.

Rel. mod. Sur le titre : *Ad usum ff. Minorum capucinorum Conuentus Carilocensis.*

12 (49). Beroaldus. Orationes. In-8° (83×150) 73 f^{ets} non chiffrés, signatures a iij à i iij, imp. en caract. romains (40 lignes).

Incomplet du commencement.

Explicit : Exaratum parrhisii pro dionisio Ro / ce in vico beati iacobi incolentis / cuius edes diui martini yma / go persignat. Anno domi / ni millesimo quadringente / simo nonagesimo no / no die vero duode / cima mensis / octobris.

Rel. rhabillée. Très nombreuses annotations mss de Jean Catin.
Hain * 2954.

13 (49). Beroaldus de felicitate in-8° (153×93) titres courants, f^{ets} non chiffrés, imp. en caractères romains (40 lignes). Signatures a iii à b iiii. manchettes.

f^{et} a iii. Philippi Beroaldi de felicitate opusculum / Ad illustrem Marchionem jacobum Badensem / Philippi Beroaldi Bononiensis Epistola soleo ipse mecum.

Explicit: finis / Impressum est tertius opera Zhielmanni Korner in inclyto parrhisio / rum gymnasio V. calendas aprilis Anni millesimi quingentesimi (15 f^{ets}).

Hain. * 2972.

14 (49). **Beroaldus** de optimo statu in-8ᵈ (93✕150) fᵉⁱˢ¹ non chiffrés, imp. en caractères romains (40 lignes) signature A a à B b iiii. Manchettes.

fᵉᵗ A a. Philippi Beroaldi libellus de optimo statu / Pars Philo-sophiæ est et ea quidem pulcherrima / Viri clarissimi...

Explicit : τελος. / Impressum Parrhisiis quarto idus aprilis Anno millesimo quingen / tesimo per Thielmannum keruer. Pro Joanne paruo qui id vendit in / Leone argenteo vici sancti Jacobi.

(14 fᵒⁱˢ) Hain * 2979.

15 (49). **Beroaldus.** Declamatio philosophi, 8º (93 ✕ 151) feuil-lets non chiffrés, signatures aij à aiiij imp. en caract. romains (39 lignes) manchettes.

Titre : Philippi Beroaldi opusculum eruditum quo continetur Declamatio Phi / losophi Medici et oratoris De excellentia discep-tantium.

Marque de l'éditeur, Jean Petit.

Explicit : Finit huius opusculi impressi parrhisiis a Thielmano Keruer ad ca / lendas Aprilis anno 1500.

Au dos marque de l'imprimeur.

(8 feuillets) Hain *2964.

Ces trois opuscules se trouvent dans un recueil d'autres opus-cules édités par Jean Petit, postérieurement à 1500.

16 (50). **Bigus** (Ludovicus) opuscula christiana 8º (92 ✕ 130) 74 feuillets non chiffrés, signatures aij à kij imp. en caract. romains. (26 lignes).

Fº aij Opusculorum tituli.

Feuillet 5. rº Lodouici Bigi pictorij Ferrariensis chri / stianorum opusculorum liber primus / Ioanni Francisco Pico Mirandulae co / miti concordiae dedicatus.

Avant-dernier feuillet : Finis Tertii libri opusculorum christia-norum : / Impressusque Mutinae per M. Dominicum Ro. / cociolam Anno M.C.CCC.LXXXXVIII. Die. VII Augusti.

1 feuillet d'errata.

(74 feuillets). Rel. anc. daim. A la fin : *Chatin Charilolugdu-nensis* (Capucins de Charlieu).

Hain. *3199.

17 (6). **Biblia**. Sans indications typographiques. — 254 f^ets non chiffrés, pas de signature, caractères gothiques carrés, imp. à 2 colonnes, 45 lignes par colonne. Lettres initiales ornées à la main, lettres majuscules du corps de l'ouvrage faites à la main, en bleu et en carmin. — Titres courants à la main. 1 vol in-f° (82×270) reliure bois, recouverte de peau de daim, avec clous cabochons.

Exemplaire mutilé à la fin.

f° 1. Incipit Prologus beati hieronymi / presbyteri in psalterium. / Psalterium romé dudum positus / emendarem ; 31eme lignes. Finit prologus.

En dessous, imp. en rouge : Incipit liber Hymnorum vel soliloquiorum.

Psalterium du f^et 1 au f^et 24 r° : finit psalterium, en plus petites lettres que celles du texte.

1 f^et blanc. — Proverbes. f^et 27 au f^et 34 r°.

Incipit : imprimé en rouge. Epistola beati Hieronymi presbyteri ad Cromacium / et Eliodorum episcopos de libris Salomonis.

Au bas de la colonne, imp. en rouge : Finit Epistolæ. Incipit liber Proverbiorum.

Ecclésiastique f^et 34 r° au f^et 37 r°.

Incipit. Prologus in ecclesiasticen //(M) emini me an̄ hoc ferme...
Cantique des Cantiques. f^et 37 r° au f^et 38 v°.

Imp. en rouge. Incipiunt Cantica Canticorum.

Les Sages. f^et 38 v° au f^et 44 v°.

Imp. en rouge : Incipit liber Sapientie.

Ecclesiastique. f^et 44 v° au f^et 60 r°.

Imp. en rouge : Incipit liber Ecclesiasticus...

f^et 60 r°. Finit liber Ecclesiasticus. Incipit oratio Salomonis. ligne 30. Finit oratio // Salomonis incipit Prologus in Ysaiam prophetam.

2^e col. Finit prologus // (imp. en rouge) Incipit Ysaias propheta.

Isaïe f° 6J r° au f^et 77 r°; Jeremie f^et 77 r° au f^et 98 v°.— Lamentations f^et 98 v° au f^et 100 r°.

Baruch : f^et 100 r° au f^et 103 r°.— Ezechiel f^et 103 r°. au f^et 122 r°.

Au f^et 168 r°, imp. en rouge : Epistola beati Hiernonymi presbyteri ad Damasum / papam in quatuor euangelistas.

Au haut de la première page Ad usum ff Capucinorum Conventus carilocensis. Annotations marginales.

Malgré quelques ressemblances avec une bible en deux parties

décrites par Hain (3058)et par Mlle Pellechet (Inc. de Lyon p. 79),
nous croyons que cet exemplaire diffère de ceux que ces auteurs
ont signalés, bien que leur description typographique permette de
l'attribuer à Crantz, Friburger et Gering.

Melle Pellechet note l'épître de St Jérôme au pape Damase au f^{et}
103, ici elle est au f^{et} 168, la lettre de St Jérôme à Cromacius au
f^{et} 1, elle est au f^{et} 27 ; et 20 vers latins au f^{et} 239, dans l'exemplaire de la Bibliothèque de Roanne, il n'y a rien.

18 (15). Bible. — S. l., 1 vol. f° (71×270) 497 f^{ets} non chiffrés,
(foliotés à la main), titres courants ; signatures de a ij à z iiij, t,
?, 2, A à Z iiij,Aa à Kk, 4 ; la table est signée différemment de 1 à
5. 5. Imp. en caractères goth. à deux colonnes, 49 lignes, manchettes. Lettres initiales à la main en bleu et en rouge. Le f^{et} de
titre manque. a ij commence ainsi : Incipit epistola beati Hieronymi ad / Paulinum presbiterum de omnibus diuine historie libris.
Capitulum I.

A la fin de l'Apocalypse :

Biblia quem retinet sequitur nunc metri / cus ordo.
Generat exodus leui numen que deutro.
Josue iudicum : ruth reges : et paralipon
Esdre : neemias : esdras : tobia que iudith
Hester : iob : psallit : prouerbia : ecclesiastes
Cantica sunt sapientes : ecclesiasticus et esaias
Hiéremia : threna : baruch : eçech : dani / elis
Osee que : iohel : amos : abdiaque ionas.
Micheas : naum : abachuc : sophoni : og / geus
Zacharia : malachi : marchabeor quorum duo
Matth. mar. lucqz. iohan. roman. co / rinth. galath. ephes.
Phil. colo.thessal. timoth. titus que : de / einde philemon.
Hebreos. actus : iacobus : petrus et iohan / nes
Jude canonica ; finem tenet apocalipsis.
Fontibus ex grecis hebreorum quorum libris
Emendata satis et decorata simul.
Biblia sum presens : superos ego testor et astra
Est impressa nec in orbe mihi similis.
Singula queque loca cum concordantibus
Orthographia simul quam bū p̄ssa maēr
  M. CCCC. LXXXVII.

Reliure ancienne, ais de bois, lambeaux de peau. Dos raccom.
(Hain. 3098).

(Capucins de Charlieu).

19 (18). Biblia Vol III 1 vol. f° (79 × 235) imp. en caractères
goth. de deux grandeurs. Au centre de la composition, le texte sur
deux colonnes de longueur variable, en caractères gothiques de
grosseur moyenne, autour, formant un encadrement, sur deux
colonnes, le commentaire en caractères gothiques minuscules.
Titres courants, 308 feuillets non chiffrés, signatures 38₂ à 69₄. Nombreuses lettres ornées, les unes peintes sur or, les autres en bleu,
en rouge ou en violet, avec de longues et gracieuses arabesques
de même couleur. 72 lignes.

Exemplaire incomplet des deux premiers feuillets. Feuillet 38₂
Incipit epistola beati Hieronymi ad Da / masium papam in quatuor
euangelistas.

A la fin de l'Apocalypse :

Impressum est Venetijs hoc opus biblie una cum pastillis vene-
randi viri / ordinis minorum fratris Nicolai de lyra. per Franciscum renner de Hailbrun.

M.CCCC.LXXXII.

Feuillet 69₄. Incipit libellus editus per magistrum Nicolaum de
lyra or / dinis minorum theologie professorem, in quo sunt pul-
cherrime que / stiones iudaicam perfidiam in catholica fide impro-
bantes.

Avant-dernier feuillet v° Pro registro totius huius voluminis etc.

Rel. anc. veau estampé, très endommagée.

Au bas de la première page : *Ad usum pp. Capucinorum Conuentus Carilocensis.*

Hain 3165. Pellechet. Cat. incun. de Lyon, 125.

20 (10). Bonaventura (S.) Perlustratio in libri IV Sententiarum. 5 parties en 2 vol. f° (70 × 223) S. l. n. d. (1494 ou 1495?).

1ᵉʳ vol. 1ʳᵉ partie, 426 feuillets non chiffrés, titres courants,
signat. a₂ à 3₄. t. ?. aa à gg₄. imp. à 2 col. caract. goth. de deux
grosseurs, texte et comment., manchettes. 65 lignes.

Titre : Perlustratio Sancti Bonauenture / in Primum librum Sententiarum.

Feuillet a₂. Johannes bekenhub Moguntinus euangelice theologie summo doctori domino Nicolao tinctoris de Guntzenhu / sen imperialis ecclesiae bambergensis predicatori salutem. Nuper religionis beati francisci p̄r̄e̅s deuotissimi statu spi / ritu sancti agitari ad capitularem conventum Nurnberge instituerunt (ut par erat) de profundissimis ortodoxe fidei arcanis disputatoriam exercitationem ad quam veneranda peritorum multitudo omni doctrinarum g̅n̅e̅ armata et ex / pedita velut ad litterariam militia. Et olim ad feriarum saturnalium ferias disputationes conuenit in qua celebritas tua / disputandi nacta congressum r̄o̅n̄e̅ argumentorum eo moderamine et efficacia preferebat. Vt omnes auditores inestima / bili nedum delectatorem scilicet admirationem faceret affectos. Non deerant alijquis ingenij vis maxima et indoctrinali bel / lo robur inuictum ad participanda supremi preconia laudis celebritatiue conciliauit. Sola tamen celebritas tua. tantum argu / endi vi et fortitudine. tu dicendi copia et maiestate preclaram triumphatoris nomen c̄o̅coim voce est consecuta . . . .

Quamuis / enim totum (sit quantulumcunque quod) in heidelbergensi academia octennalis more 'spacio didici. totum quod continuata perce / pi lectionem totum quod industrie mee natura perstitit ad hanc correcturam et laborem huius operis tibi consignatum non asperne / ris. Vt et̕ nominis tui immortale decus ad extremas orbis terrarum nacones. duce librorum impressura feratur.....

A la suite : Johannes bekenhub Moguntini in laudem vtriusque autoris carmen, qui se termine ainsi :

> Quo bonauentura, petrus lombardus vtrinque.
> Sublati capiunt premia digna sibi.
> Quo tuba diuini verbi doctor nicolae.
> Tinctoris tendas dum tuba diua strepit.
> Quo tibi impressor Friburgi Kilianus ipse.
> Piscator tendat post sua fata precor.
> Quo bouauenture me ducat dextra johannem.
> Bekenhub. Quo me iungito petre tibi.
> Vos ego coniunxi disiunctos. vos mea cura.
> Lustrauit vigili mente. labore manu.
> Si tibi non feci satis o lector valuisse.
> Sic satis et melius corrige. parce. vale.

Vient ensuite une lettre datée : Ex bamberga Anno a xpi nati-utate. M. cccc. lxxxx iij mensis Maij die secundo, et portant comme suscription : Nicolaus tinctoris de guntzenhusen doctor theolige (sic) predicator imperialis ecclesie Bambergensis. Docto magistro / Johanni Bekenhub Moguntino. Salutem plurimam ; huit distiques la terminent.

Feuillet a 3 Celebratissimi patris domini bonanenture or / dinis minorum artis diuine summi discussoris. et / apostolice sedis episcopi cardinalis prologus in proe/mium librum sententiarum.

Du feuillet gg au feuillet gg 4. Ordo questionum di/ui Bonaventure in primum librum sententiarum.

2ᵉ partie : titre. Perlustratio Sancti Bonauenture / in secundum librum Sententiarum.

Mêmes dispositions typographiques ut supra ; signatures Aa 2 à Zz 3 — Aaa à Qqq 3 — U à U 4. 545 feuillets, 64 lignes.

Reliure ancienne. Veau à compartiments, ais de bois, dos raccommodé.

Sur la page de titres — *Ad usum ff. Capucinorum Cariloci*, 2ᵉ vol.

1ʳᵉ partie. — Typog. ut supra. Signatures de a 2 à r 3.

Titre. Tabula super libros senten/tiarum cum Bonauentura //. Cette table commence ainsi : Johannis berlenhaub moguntini in scripta diui / bonauenture cum textu sententiarum tabula quam / si quis usui suo mancipauerit assumat oro studiosi le/ctoris offi-cium non curiosi, et promor sit indicem remis/sionis (ubi deest) in corpus libri ex tabula cosignare / quam me convicijs mordere. secum reputans id forte factum / esse vel alterius negligentia quam nullus eque mentis / mihi improperat. Vel si mea incuria, iure veniam illa / meretur propter operis nouitatem, que dum me pluri/bus intendere coegit, ab oĩm eximet quoque contumelijs / si quandoque vnum e pluribus occurrat omissum. Elle se con-tinue (feuillet 9) par le recueil suivant : Sequuntur varij articuli erronei omnium pe/ne facultarum. in anglia et parisiis studiose et autori / totitue condemnati cum reuocationibus eorumdem.

2ᵉ partie. — Typ. ut supra. Signatures de Aij à Zz 3 — Aa 2 à Ii 4, A à A 4. Titre : Elucidatio Sancti Bonauenture / in Tertium librum Sententiarum.

3ᵉ partie. — Typ. ut supra. Signatures de a 2 à z 4 — A à S 4. Titre : Elucidatio Sancti Bonaueture (sic) / in Quartum librum Sententiarum.

Reliure ancienne veau, fers, au tiers supérieur et inférieur de l'ornementation, banderolle sur laquelle on lit, en caractères gothiques : Meister, 7 fois répété — Dos raccommodé.

Sur le titre de chaque partie, une signature : *Gambin* ; sur le titre de la 1re *Ad usum ff. Capucinorum Conuentus Carilocensis.*

21 (31). **Cato** seu speculum regiminis, 1 vol. in-4° (59×186) titres courants, signatures a à z. A à L.. imp. en caract. goth. sur deux colonnes (54 l.). Lettres majuscules en manchettes. 269 feuillets non chiffrés — Lettres gravées sur bois.

Exemp. incomplet. Commence au feuillet a iij. (le suivant est signé aussi a iij) finit à L. v.

1er feuillet Prohemium.

Au verso commence la table qui comprend les trente-trois premiers feuillets.

Au 33e v° Finit tabula multum utilis ad lecturam infra/scriptarum edita seu compilata a circumspecto viro / et magne scientie religioso fratre Philippo de / pergamo monasterij sancte Marie de Veraco / ordinis sancti beñdicti priore padue ciuitatis.

Feuillet c. *Prologus. Illustris* / industria ac gran/dis ... ; en tête une gravure sur bois représentant un moine agenouillé présentant un livre à un autre assis dans une chaise à dais ; à gauche se tiennent deux personnages.

Rel. anc. très abimée. Annotations marginales mss.

Au bas du 1er feuillet : *Ad usum ff. Capucinorum Conuentus Carilocensis.*

Hain 4713.

22 (44). **Catho** cum glosa sua. cf. *Opuscula* 2°.

23 (36). **Censorinus** De Die natali, 1 vol. 1 f° (139 × 220). Titres courants, manchettes, signatures a. 2. h. imp. en caractères romains, (40 lignes) 60 feuillets dont 22 numérotés.

Le titre f° 1 donne l'indication de tous les opuscules compris dans la publication.

Index librorum : qui in hoc uolumine continentur. Censorinus de die natali. / Tabula Cebetis / Dialogus. Luciani / Enchiridion Epicteti / Basilius / Plutarchus de Inuidia et Odio.

Au dernier feuillet : *Impressum Bononiæ per me Benedictum hectoris bononiensis adhibita pro uiribus solertia et diligentia. Anno salutis.*

*M. cccc lxxxx vii.- quarto idus Maii | Illustrissimo Io. Ben-
tiuolo reip. bonon. habenas feliciter moderante.* Marque d'imprimeur.

Rel. anc. Veau estampé, très endommagée. Sur le titre : *De
Bibliothecâ Minimorum Roannensium.* Hain * 4847.

24 (44). **Clavasio (De)** Summa Angelica, un vol. in-4° (49×149.
390 feuillets chiffrés, titres courants. Nᵒˢ en manchette, imp.
en caract. goth. à 2 col. (52 l.). signatures aij à z. t. ?. A à Z.
AA. 391 feuillets. Titre rapporté imp. en rouge. Summa Angelica
de casi/bus conscientia cum addi=/tionibus nouiter additis.
L'*S* initiale forme vignette.

Exemplaire incomplet du commencement et de la fin. Manque
le feuillet I, finit au feuillet CCCXC.

Sur le titre on lit : *Petrus Gacerius curatus de Marnant est
verus huius voluminis possessor — Gacerius.* Rel. anc. il ne reste
plus que les ais de bois — (imp. à Lyon, en 1497. Sans nom
d'imprimeur. —

25 (16). **Dionysius** Alicarnassei — Historia romana. Un vol.
in-f°, caractères romains, imprimé à longues lignes (123×204).
37 ll. 493 ff. non chiffrés non signés — pas de titres courants,
manchettes.

Exemplaire incomplet du titre. Le 1ᵉʳ feuillet coupé en partie,
laisse lire ceci... *Simo.: ac sanctissimo Paulo II |... d.
domino nostro papae |... tsi pontifex maxime et op /
time : ea est tua virtus eaqz* | Les deux premiers feuillets con-
tiennent une épître dédicatoire ; le feuillet 4 manque. F° 33.
Alicarnasei originum liber primus fini | Liber Secundus
romanae antiquitatis. quem conscripsit **Dionysius Alexan**/dri
alicarnaseus res gestas continet **Romuli Rome** conditoris. F° 478
Dionysii alicarnasei liber decimus romane historie finitus. / (p)
Ost **Hunc** annum olympias erat octogesimatercia : / qua uicit
Crison himereus. **Imperante Athenis Phili**/sco. Exemplaire très
mutilé du début et de la fin.

Hain, * 6239, impr. à Trévise par Bernardinus Celerius de
Luere. 1480.

Reliure ancienne : ais de bois, coins de cuivre à cabochons,
veau, losanges au fer, dos raccommodé ; sur le 2ᵉ feuillet *Soc Jesu
catalog. Inscript. 1624.*

26 (44). **De doctrina dicendi et tacenti** cf. — *Opuscula* 3°.

27. **Epictetus** Enchiridion. cf *Censorinus* n° 23.

28 (53). **Eruditorium Penitentiale.** In-8° (92 × 136) 77 feuillets non chiffrés; signatures aii à kiij, imp. en caractères gothiques (25 lignes), grav. sur bois, lettres initiales rehaussées de rouge.

F° aij Incipit eruditorium penitentiale cuilibet chri / sticole pernecessarium compendiose auctoritatibus sacre scripture insiguitum.

Au-dessous une gravure sur bois représentant un homme dans une chaire, coiffé d'un chaperon, d'une main saisissant par le cou un homme à genoux, tête nue, de l'autre faisant un geste.

Comme légende : o homo surge qui dormis.

Explicit : Vir cum propria coniuge dor / miens nisi lotus aqua eclesiam intrare non debet / quanto magis sacerdotes et ministri altaris debe / rent abstinere ac mundari ab omni crimine, et ista / sufficiant.

Le dernier feuillet comprend une F majuscule formée d'entrelacs et portant à la base et au sommet une tête caricaturale avec cette inscription (L) Iber quatuor nouissimorum.

Reliure en chagrin noir, divisée par une palmette et deux rosaces, en deux compartiments, portant, gaufrés sur un semis de pointillés un lion passant, appuyé sur des rinceaux de feuillage terminés par une fleur, un écu chargé de trois fleurs de lys.

La sauvegarde du volume est fournie par le dernier feuillet d'un incunable, imprimé en caractères gothiques sur deux colonnes de 41 lignes et dont l'explicit est ainsi libellé : Finit speculum finalis retributionis / compositum per reuerendum magistrum Petrum Reginaldeti sacre theologie pro / fessorem : ordinis que fratrum minorum. Im / pressum Anno nostre salutis Millesi / mo quadringentissimo (sic) / nonagesimo / octauo : die vero x Aprilis.

Laus Deo.

A la suite 12 distiques commençant ainsi :

Ne forte exigui spernas documenta libelli
Perlege : et invenies noble dogma tibi...

La sauvegarde du dernier feuillet est fournie par le titre du même opuscule.

Cordiale salutis hominum. Liber / de quattuor nouissimis idea sic dictus...

29 (33). Eusebius Historia ecclesiastica 1 vol. in-4° (59 × 183).
Titres courants, signatures a à m; A à B. Imprimé en caract. goth.
à 2 colonnes (47 lignes). 106 feuillets non chiffrés.

Le 1er feuillet manque. Commence au feuillet aii.

Feuillet aii v° Incipit prologus Rufini presbiteri in hy / storiam
ecclesiasticam ad Cromatium epi / scopum.

F° aiii Incipit liber primus historie ecclesiastice / Eusebii cesariensis.

Explicit : Eusebii cesariensis ecclesiastica finit hysto / ria per
magistrum goffredum bouffardum sacre / pagine doctorem eximium exactissime corre / cta et emendata. diligentia patri leuet
pari / sii impressa. expensis Johannis de combeles / et prefati leuet.
Anno i e 9 Λ (Hain lit. 1497) pridie kalen / das septembres.

Suit la table qui occupe les feuillets 92 à 106.

A la fin de la table.

Publii fausti Andrelini foroliuensis re / gii poeta laurenti in euse-
bium cesariensem a ma / gistro goffredo buffardo eximio sacre pa /
gine doctore parisiensi summa cum diligen / tia castigatum.

CARMEN.

Inclita si queris sanctorum gesta virorum
Omnia tam cultum scripta volumen habet.
Obsita que fuerant magnoque oppressa veterno.
Buffardi eternos digni vixisse per annos
Quo reliqua e turpi vindicet acta situ.
Et positum est cunctis certo caput ordine rebus
Ut facilis breuius semita pandat iter
Quid non longa dies multis oblitterat annis
Sed nihil est quod non sedula cura nouet.

Nombreuses notes marginales mss. A la suite de l'explicit se lit :
P. Rostanus.

Reliure ancienne, souple, très curieuse, en veau brun estampé
de roues, d'entrelacs, et du blason des Rostaing[1]. (Capucins de
Charlieu).

Hain 6713.

30 (25). Eusebius De evangelica preparatione. 1 vol. f°

---

1. Sur ce Rostaing et pour la reproduction du motif de reliure cf. DUMOULIN, *loc. cit.*,
p. 18 et pl. III.

(129×187), titres courants, signat. a ii à p iiii. imp. en caract. romains (46 lignes à la page). 107 f^ets non chiffrés.

f° a ii *Hieronimvs Bononivs Tarvisanvs.* |

> Errores hominum uetustiorum
> Sacris Eusebius libris refellit
> Ignoti latebras : sinusque ueri
> Diuino docet ore : prædicatque
> Possint quo fieri modo beati
> Summo dehinc homines bono potiti
> Ergo philosophum sequamur omnis
> Communi studio scholae probandum

A la suite :

Index quid quodque cuiusque libri capite contineatur quem cæteris uoluminibus omissum / ad faciliorem quæsitorum inuentionem Hieronymus Bononius addi procurauit.

f° a iiii. *Ad sanctissimum papam nicolavm . q. Georgii tra / pezvntii in tradvctione Evsebii præfatio.*

Au v° *Evsebius pamphili de evangelica præpara | tione a georgio trapezvntio tradvctvs.*

Avant-dernier f^et. *Evsebii pamphilii de evangelica praepara- tione | liber decimvsq (sic) vartvs et vltimvs finitvr.*

Dernier f^et r°. *Clarissimo ivrisconsvlto alberto vo | nico tar- visano hieronimvs bononivs.*

V° Eusebii Pamphilii de euangelica præparatione opus a doc- tissimo utriusque / linguæ interprete georgio Trapezuntio e græco in latinum uersum Micha / el manzolinus parmensis exactissima impressit diligentia Taruisii Anno / humanitatis Christi M. cccc I xxx pridie Idus Januarias.

Sur le 1er f^et est écrit : *de Bibliothecâ minimorum Roannensium ;* au dernier : *Ce liure est à Jehan Lebreton lequel il a fait apporter de paris.* Ailleurs : *Joannes Le Gallerus foriensis anno 1605.*

Rel. anc. Veau avec fers et estampages, ais de bois, dos raccom.

Hain * 6702.

34 (43). Faber (Jacob) In Aristotelis octo Physicas libros Para- phrasis. 1 vol. in-8° (87×146), titres courants, signatures b1, à z, t, A à P. (l'exemplaire est incomplet de tout le 1er cahier) figures et chiffres en manchettes, fig. dans le texte, imp. en caract. goth. (39 lignes) 301 f^{ets} non chiffrés.

Explicit : Carmen decastichum Judochi clichtoue regratiato / rium eorum : qui hoc opus imprimi curauerunt.

> Laudatur Phidias : pictor laudatur apelles.
> Laude magis dignor : qui premit ere notas.
> Si vigil et placidus. pater illi diuus Apollo.
> Quod si non : genitor rusticus ille fuit.
> Cui sit Aristoteles cure / Physicique tyrones :
> Sit gratum : et placido quisquis adesto animo.
> Debetis grates Alemano et adusque Johanni :
> Higman : qui propriis sumptibus egit opus.
> Mendam corripui fido comitante Bohemo
> (ut potui) in plumbo si qua relicta fuit.

Impressum Parisii. Anno domini millesimo quadringesimo nonagesimo secundo.

Rel. anc. Veau estampé. A la fin de l'explicit : *Gambiu pbre.* Hain. 6839.

32 (51). Fasciculus temporum Grand in-8° (120 × 175) feuillets chiffrés I à LXXXX. 5 feuillets de table non chiffrés, titres courants, signatures aij, A à Miij. Imp. en caract. goth. (48 lignes) fig. sur bois et tableaux dans le texte. S. l. n. d. cf. Bib. nat. H. 938 (2).

Titre : Fasciculus temporum omnes antiquo / rum hystorias complectens.

F° aij. Tabula breuis et utilis super li / bro illo qui dicitur fasciculus tem / porum et ibi inuenientur punctus / annumerum est in primo latere / folii ubi ỹo post in secundo la / tere. Incipit feliciter.

F° A (G) eneratio et generatio laudabit ope / ra tua et potentiam tuam pronunciabunt.

Ce volume qui s'arrête à l'année 1484 est très endommagé ; à la fin on lit : *Pierre Bochetel* et *De conventu minim. Roann.*

Rel. papier.

33 (5). Ferrariis (Joh. Petrus de) Nova practica judicialis. Sans indications typographiques et sans date. Imprimé à 2 colonnes, caractères tenant le milieu entre le romain et le gothique; sans titres courants ni signatures, 188 feuillets non chiffrés. Lettres ornées grossièrement à la main, en bleu et rouge; lettres capitales du corps de l'ouvrage rehaussées de rouge. 1 vol. in f° (78 × 270) 60 lignes à la page, reliure bois, la peau a été enlevée.

Ce volume qui me paraît d'impression ancienne est fort mutilé; au tiers du tome on a déchiré 28 feuillets; à la fin il en manque 4.

Au haut de la première colonne du 1ᵉʳ feuillet a été écrit à la main, avec de la peinture rouge, en caractères se rapprochant de ceux du texte, ce qui suit : Incipit practica noua composita per / famosissimum nec non eximium legum doctorem / Jo. petr. de ferrariis filii quondam egregii doctoris / domini augustini ciuis / inclite ciuitatis papie.

La préface (1 et moitié de la 2ᵉ colonne 1ᵉʳ feuillet) est ainsi formulée :

Quoniam vita / breuis ac incerta qua fruimur sensus que e / bes. negligentie tor / por multimoda di / uersorum occupatio / nos pauca scire per / mittunt et que ple / rumque sunt scita iugi / ter excutit et euellit fraudatrix obliuio memo / rie inimica. Idcirco necessarium fuit ut prouiden / tia diuina in remedium infirmitatis humane lit / terarqm usum mortalibus exhiberet ut per illumque / gesta sunt et geruntur conseruarentur in eum. Nisi enim ipsa diuina natura produxisset philosophos / antiquos quorum benefitio plurima insinuata sunt / posteris quibus gaudemus et miramur inuentis / periissent artes. euanuissent iura et totius phi / losophie ac religionis et fidei corruissent offi / tia. unde merito et ritu deorum colendi sunt a / quibus tanti boni initia fluxerunt. Qua de re / adnimaduertens ego Johannes petri de ferrariis / inter legum doctores minimus. filius quondam egre / gii doctoris domini Augustini ciuis inclite ciuita / tis papie. que diuitiarum et fortune gloria. fluida / atque fragilis est. uirtutum aut gloria clara atque / eterna habetur. quidque etiam nulli nato perclusa est / via aliquid inuentis adicere. cum ipsa veritas non / dum sit occupata sed ex ea multum futuris relictum / est proposui sequi eximii cathonis exemplum qui / lxxxvj agens annum ut nec memoriam tardiorem / nec laborum infirmitatem aut quassatam carnem / aut membra torpentia, aut linguam impeditam / quiscumque animaduerteret. grecis litteris litteris post lati / nas peciit erudiri. Et cum sibi eloquentie gloriam / comparasset. id egit. ut iuris quoque ciuilis pe-

ritis / simul haberetur. et in mei aliqualem memoriam ac / Man-
fredi filii mei necnon procuratorum et nota / riorum dicte ciuitatis
papie memoriam et doc / trinam presens opusculum moderne iudi-
tialis pra / ctice sub breuiori ac clariori compendio quam / michi
fieri possibile fuerit aggrediar: ut eo mé / diante facilior via sit
singulis id capere in bi / ennio ad quod querendum antea per
uenire difficile / fuerat in decennio. Itaque fratres et filii predile /
cti presens opusculum alacri studio sub memorabili noua inchoa-
tum et a te anni nunc currentis. M / ccc. quo anno de mense sep-
tembris natus est / predictus Manfredus filius meus. gratiose su /
scipite. curiose perlegite. et fructuose memorie / commendate ut
digni efficiamini rempublicam ve / stro patrocinio gubernare ut
inquit imperator / in prohemio institutionum in fiet in l. aduoca /
tos. c. de aduo, diuer. iud. amputantes sollicite / materiam iurgio-
rum per quam respublica leditur et / plerumque confunditur. l. si
quis ingenuam & in ci / uilibus. ff. de cap. et postli. re. Sed quoniam parui / ad annos. xxx. pautiores ad. xl. paucissimi ad an./
nos. lx. perueniunt. Et si tempora detrahantur dormitio / nis ac
infantulus et decrepite etatis. paruissimum / tempus restat ali-
cuius fructus et operationis / Omnis denique mundana scientia
perit ex toto / uita finita. quam inquit Aristoteles. Non remini /
scimur post mortem eorum que scimus in vita / Silicet b Thomā.
de aquino alius sumdere de / beat altior intellectus. Nescio con-
sulere alicui / persone nisi forsitan clerico aut magno diuiti / quam
in huiusmodi scientia gradum doctoratus / ascendat si ad sobrie-
tatem sapere sufficiat. Gra / dus enim ista redigit hominem de liber-
tate in / seruitutem cum sumptu etiam magno queritur et / anxiate
retinetur. ideo nos ammonens Seneca inquit Quanta dementia est
super uacua discere / in tanta temporis egestate. et ex hoc tempore quod suffice / re nec ad necessaria quidem potest etiamsi
dili / gentissime custoditum fuerit. maiorem partem in / superuacua
erogare deo et beate uirgini et omnibus sanctis gratias infinitas.
Amen.

34 (47). Georgius Logica. 1 vol. in-4° (53×186), titres courants,
284 feuillets chiffrés, manchettes, signatures, b2 à z4. A à N. imp.
en caract. goth. de deux grandeurs, sur deux colonnes (44 lignes
et 59 lignes), initiales en rouge et bleu, à la main.

Exemplaire incomplet. Commence au f° x., b 2. Au bas de la

seconde colonne : *Capitulum **tertium** de specie*. Table non chiffrée, 4 feuillets.

Explicit. : Hic manus extrema apposita est logice magistri Georgij diligenter casti/gate per prestantem doctrina virum sacre theologie professorem eximium / magistrum Thomam bricot qui non duxit indignum suis laboribus singu / los quosque codices immo vero singulas pagellas diligenter recognoscere / et questiones acutas ex sua ingenij officina perfectas aduertere : interfuit que / suum ipsius textum singulis in locis prout congruum esse indicauit. Pro/pterea multo labore se cognoscat iuuenis leuatum qui iuxta textum cernat / glosemata connexa. Impressor quoque nomine Felix : cognomento autem / Balligault accuratam dedit operam ut codices bonis caracteribus una cum / quotationibus : Indiceque fidelissimo litteris mandarentur. Idque fecit in edi / bus conterminis collegio Remensi. Ex septimo Octobris M. cccc. xcvi.

Au revers : Fratris Petri Egidii Molismensis ordinis sancti Benedicti : In commendationem artis / Dyalcctius. Carmen.

Au haut du 2ᵉ feuillet de la table un nom : *Johannes Theodorin* de la même écriture que celle qui a couvert de notes nombreuses les marges du volume. Au bas de la première page : *Ad usum ff. Capucinorum Cariloci*.

Rel. anc. Veau estampé, ais de bois.

35 (12) Gerson. opera (3ᵉ partie). 1 vol. fᵒ (74×230); titres courants, feuillets chiffrés, de 54 à 100, signatures, de aa 2 à zz5, Aa à Zz 5. Quelques lettres ornées à la main, en rouge. Imp. à 2 col. caract. gothiques. 57 lignes.

Le 1ᵉʳ feuillet et la gravure manquent.

Feuillet Aa 2. Tituli tertie partis / que contemplatiue vite precepta tradentes trac/tatus continet.

Colophon : Finiunt opera cancel/larij parisiensis doctoris christianissimi magistri / Johannis de Gerson. que ut frugem lectori vber / rimam ferant emendatissima lima castigata fuere / Anno domini M cccc lxxxix xij Kal. mens. Aprilis.

A la suite, marque de l'imprimeur, puis ces vers :

> Noscere forte voles quis sculpserit hoc opus erc
> Presserit has carthas quisue characteribus.
> Ne misere licet tersum mendisque solutum

Immune et vitijs hoc opus inuenias
Ille quidem Kesler Nicolaus : littore rheni
Urbs dedit insignem cui Basilea domum
Ille inquam impensis qui nunquam (crede) pepercit
Lector amice dabat his liber iste fidem
Difficile est dictu quanta est adiecta labori
Cura ingensque opera : et solicitudo frequens
Usquam adeo vt facile his : cedant sine murmure queuis
Pressa prius : morum sint monimenta licet
Comperiet presens quicquid quesisse necesse est
Peregrini quamuis nomen ubique geret
Unde a re sumpsit Gerson cognomen honestum
Quod si transfertur : aduena significat
Huius (teste deo) virtus superauerat omne
Hic calamus laudis quod sibi ferre valet
Doctrina quantus fuerit : quantum arte perfundus
Edita que fecit plurima scripta docent.

(Hain. 7624. Pellechet Cat. Inc. de Lyon 291).

Reliure ancienne, ais de bois, curieuse par ses décorations de
veau gaufré. Sur un plat, une crucifixion répétée quatre fois
dans un encadrement d'oies et de licornes, dans l'encadrement de
la crucifixion formé par des rinceaux de fleurs et de dragons,
les deux lettres G. P. Sur l'autre ; un miracle pendant la célébra-
tion de la messe : Jésus sortant du calice, encadrement de lions.

Sur le feuillet aa 2 *Ad usum ff. Capucinorum conuentus Carilocensis.*

36 (13) Gerson. Opera. 4e partie. 1 vol. f° (63×210). Suite du
précédent, doit être par conséquent compris parmi les Incunables
malgré sa date de 1502. f^ets chiffrés de 1 à 72, titres courants,
signatures de aa2 à z 4. ; de A à T. 4. Imp. à 2 col. caract. goth.
lettres initiales à la main, rouges et bleues. 53 lignes.

Titre : Quarta pars operum Johan / nis Gerson prius non
impressa.

Au dessous : Ad lectorem hexasticon in / opus quartum Gersonis.

Quod fuit infectum terra rubigine quondam
Mathias Schürer clarificauit opus
Jamdudum e cecis dat bibliopola tenebris
Uimphelinge opera magne Jacobe tua

Hunc quicunque stilum vult lector habere politum
Calcographi Flacci non nisi nomen emat.

Viennent après 11 f^{ets} non chiffrés, le dernier blanc, contenant
Prologus in opera Johannis Gerson ; Ad lectorem x̄pianum; Inuén-
tarium prom / ptum eorumquam in hac quarta parte Johannis
Ger / son christiani doctoris vel tractantur, vel / tanguntur.

Colophon : Finit quarta pars operum Johannis Ger / son : que.
prius non fuere impressa : Jā./ʒo prodeunt feliciter ex officina
Mar / tini flacci iuniores Argentini exactissima / Mathie Schurer
Sletstatini consobri / ni eius opera iij Kal. Martij Anno 1502.

(Hain. 7624.

Au v⁰ du titre se trouve la gravure représentant Gerson en
pèlerin, dans un paysage d'imagination ; à sa gauche marche un
ange, les ailes droites ; à sa gauche court un chien, tondu de la
moitié du corps. De la main gauche Gerson tient un écusson représentant, au centre un soleil ailé, à la jonction des ailes un cœur
portant la lettre T et soutenu par un croissant renversé; en haut
trois étoiles, en bas, deux.

Reliure ancienne : Veau brun, curieux mélange d'estampages
et de fers. Dos raccommodé (Capucins de Roanne).

36 (23). **Gregorius** (S.). Moralia. 1 vol. in f⁰ (67 × 205). 381 f^{ets}
non chiffrés, titres courants, signatures de a à ziiij et de A à T. v.;
AA, CC iij; aa, bb ij; manchettes, les 8 premiers feuillets sont
raccommodés. Caract. goth. à 2 col., 51 lignes. Titre : *Moralia
Diui gregorij omni eru / ditione sacrarum scripturarum refer-
tissima ; cum gemina tabula [qua / rum una alphabetica serie
materias singulas complectitur altera pas /sus sacre scripture
extra Job allegatos declaratosque continet] Nu / per emendatis-
sime Parisiis In sole aureo vici sorbonici Impressa.*

Au revers : *Miraculum de inventione Librorum mora / lium.
Beati Gregorii ā̄n omnia prescribit.*

1⁰ aij : *Epistola beati Gregorij pape ad Lean / drum episcopum.*

Explicit : *Expletum est opus istud Moralium beati Gre / gorii.
pape : summaque diligentia emendatum : cum / suis allegationibus
in margie cuiusque folii sig / natz. Impressum Parisius per Udal-
ricum Ge / rig constan. et magistrum Berchdotdum Rembolt /
Argē̄n. sociorum. In sole aureo vici Sorboni / ci commoran-

lium. Anno ab incarnatione domini M. CCCC. œcv. Die ỳo ultima octobris.

fᵉˡ AA. *Reuerendissimus dominus Dominicus episcopus Brixien-/ sis summi pontificis sexti vicarius hanc prefationem mora | libus beati Gregorij pape inseruit.*

A-la suite : *Incipit registrum breue et utile omnium puncto- rum ta | ctorum in moralibus beati Gregorij pape secundum. or | dinem alphabeti inferius annotatum.*

fᵉˡ aa. **Tabula secunda Sententiarum biblie.**

Dernier fᵉˡ marque d'imprimeur.

Sur la page de titre est écrit : *Ex dono domini de Chantoys fun- datoris nostri. Ex. Bibliotheca minimorum Roannensium.*

Rel. anc. veau fauve à losanges, au centre desquels des rosaces, dos rac.

Hain. *7932.

38 (41). Gritsch. Quadragesimale 1 vol. in-8° (48 × 152), titres courants, signatures a ij à z. A à D. imp. en caract. goth. à deux col. (53 lignes) 248 / feuillets non chiffrés. Titre : Quadragesimale Gritsch vna cum / registro sermonum de tempore et de / sanctis per circulum anni.

fᵒ a ij. **Tabula Alphabetica.** (Titre courant) (q) **Uonian operis** / huius egregij.....

fᵒ c. Quadragesimale fratris Johannis gritsch / ordinis fratrum minorum : doctoris exmii per totum anni spacium deseruiens cum thematum: euangeliorum et epistolarum introductionibus : et ta / bula quam optima incipit feliciter.

Explicit : Explicit quadragesimale eximij sacre the / ologie doc- toris Johannis Gritsch ordinis mi / norum. Quod non solum ser- mones quadra / gesimales : verumetiam temporis et sanctorum per circulum totius anni indicat. Impressus / correctib. Lugd partium francie amenissime / vrbe per Johannem trechsel ale- manum an / no domini M. cccc xcv. die vero xxvjj mensis / A prilis.　　　　　　　　　　　　　　Deo gratias.

Plus bas.

Ad lectorem

Respice diuini cultor lepidissime Verbi
Ut tu'antiquus Gritsch inter arte noua.
Nam quecumque inerant veteri vestigia mende
Tersimus : errorem caute abolere nouo.

Au-dessous, marque d'imprimeur en rouge.

Rel. anc. molle, veau estampé.

Sur le titre : *Mulot secretain et chanoine de Beaujeu 1620 :*
au-dessous. *Ad usum ff. capucinorum conuentus carilocensis.*
Hain. 8080.

39 (20). Horatius. Carmina — 1 vol. in-f⁰ (150 × 230) 164 feuillets
chiffrés en chiffres romains, titres courants, signatures de aij
à xiiij.

Imprimé en caractères romains de deux grosseurs ; le texte est
encadré par le commentaire. Lettres initiales en rouge et en bleu ;
celle de la préface peinte sur fond or. 57 lignes.

Exemplaire incomplet du début et de la fin. Commence au feuillet aij **Christophori Landini Florentini In Qu. Horatii
Flacci Libros / omnes ad illustrissimum Guidonem
Feltrium magni federici Du / cis filium** interpretationes
incipiunt fœliciter.

Feuillet aij. **Christophori Landini Florentini in Qu Ora-
tii Flacci carmi / na interpretationes incipiunt Fœliciter.**

D'après Hain, 8884, cet Horace aurait été imprimé à Venise par
Bernardin de Tridino en 1486.

Au bas du feuillet Aij, armoiries peintes *D'azur à trois pals
d'argent, au chef d'or* ; à côté la signature : *Gambin prbre 1595.*
Notes mss. en interlignes. Reliure ancienne en veau fauve estampé,
dos raccommodé.

40 Historia septem sapientium cf. **Opuscula 1⁰.**

41 (38). Johannes abbas Vincellensis. Sermones. 1 vol. in-4⁰
(113 × 168) titres courants, signatures az à z. A à E ; imp, en caract.
goth. 41 lignes. 230 feuillets. Titre : Sermones uademecum / de tempore et de Sanctis per figuras utiles.

f⁰ A2. Incipit Uademecum patris Johannis. decretorum doctoris
et abbatis U / cellensis (sic) de collationibus dominicis et fes-
tiuis.

Explicit. Juxta modicitatem capacitatis mee premissas materias
tam / de euangeliis quam de apostolis aperui distinguendo qtàns
dum / taxat unam diuisionem de tribus et ut plurimum pmam

ceterarum / qtis causa breuitatis obmissis. eas relinquendo discre-
tioni / cuiuscunque volentis ỹba sua copiosius dilatare. Ne et omnia
.et singula supra scripta subjiciens et supponens correctioni sacro
/ sancte romane ecclesie : ac cuiuslibet sanius sentientis.

Rel. anc, veau estampé de rosaces. Sur le 1ᵒʳ feuillet *Ad usum
ff. Capucinorum Cariloci.*

Hain, * 9431.

42 (3). Justinianus. Institutiones, Novellæ. A la suite
consuetudines Feudorum. (Sans indication typographique) 2 tomes
en 1 vol. in-f° (408 × 317), reliure ancienne, ais de bois, recouvert
de veau gaufré. 289 feuillets non chiffrés, signatures 1° *a* à *hiiij*,
2° *a* à *z t*, ?, ⅔, ⅔⅔. Caractères gothiques 2 colonnes, glosés
marginales entourant le texte, lettres initiales bleues et rouges,
titres courants, têtes de chapitre, imprimées en rouge.

Fᵉᵗ a ij. In nomine domini nostri Jesu christi ᵃ / Imperator
Cesarᵇ flauiusᶜ. iustinia / nusᵈ. alemanicus ᵒ, goticus francus / ger/
manicus ᶠ : atticus : alanicus : vandalicus : / africauus. pius ᵍ :
felix ʰ : inclitus ⁱ : vi / ctor ᵏ ac triumphatorˡ : semper augu /
stusᵐ : cupideⁿ legum iuuentuti inci / pitᵒ prohemium.

Le livre II commence au feuillet c, rᵒ ; le livre III au fᵉᵗ vij vᵒ ;
le livre IV (titre en rouge) au fᵉᵗ h iij. vᵒ et se termine au fᵉᵗ kvij. vᵒ.

Le premier volume se termine par les rubriques des quatre
livres. Explicit : Institutiones cum casibus finiunt feliciter.

Deuxième volume. — Les deux premiers feuillets ont été coupés
au ciseau ; commence à a ij.

In nomne ᵃ domini nostri iesu ᵇ christi ᶜ / liber constitutionum
nouellarum autē / ticorum de heredibus ᵈ t falcidia t si he / res
legata soluere noluerit : impera / toris Iustiniani : Johanni
perfecto se/cundo. Constitutio prima.

La collatio prima se termine au fᵉᵗ b vij rᵒ ; la collatio secunda
au fᵉᵗ d ij rᵒ ; la collatio tertia au fᵉᵗ e iiij rᵒ ; la collatio quarta au
fᵒᵗ g rᵒ ; la collatio quinta au fᵉᵗ h v ; la collatio sexta au fᵒᵗ k vj rᵒ ;
la collatio septima au feuillet l v vᵒ ; la collatio octava au fᵒᵗ m vij
vᵒ ; la collatio nona au fᵒᵗ p rᵒ ; Les fᵉᵗˢ o viij vᵒ et p i. et ij portent en titre courant Collatio decimus (sic). Le livre X finit au
fᵉᵗ r viij rᵒ ; le livre XI au fᵒᵗ viiij vᵒ ; le livre XII au fᵉᵗ zv rᵒ.

A ce fᵉᵗ commencent les consuetudines feudarum. Incipiunt consuetudines feudarum. / Et primo de his qui feudum dare / possunt

et qui non : et qualiter acqui / ratur et retineatur. (imp. en rouge).

Cet opuscule divisé en deux livres finit au f^{et} ♃ viij v°.

Au f^{et} ♃ viij r°, au bas de la 1re colonne imp. eu rouge : de notis feudarum.

Au f^{et} ♃ viij v°, imprimé sur trois colonnes se trouve la consti-tution de Frédéric II ainsi intitulée : De statut. et consuetudini-bus contra libertates ec / clesie induct / et immunitate locorum religiosorum / ubique morantium et fori priuilegio et gazar / et / patarenis et aliis hereticis eorumque successori / bus et naui-giis et peregrinis et aduenis quocun / que loco / rum hospitantibus eorumque successoribus / et de agricolarum securitatibus. Consti-tutiones / Frederici secundi imperator / incipiunt.

Au f^{et} ♃♃ commence sur deux colonnes, avec glose encadrant le texte: Extrauangantes cum apparatu siue / glosa domini bartholi quas nonnulli. xi / collationem appellant : feliciter incipiunt / Quo-modo in lese maiesta / tis crimi / ne procedatur. Rubrica.

Au dernier f^{et} Finis extrauagantiun Henrici imperatoris / cum glosis Bartoli necnon uoluminis cum / casibus Bartoli et Angeli.

Au commencement des volumes I et II dans une lettre plus ornée que les autres se voit un écusson : de gueules au chevron d'or chargé d'une coquille de St-Jacques d'azur ; en pointe une étoile d'or.

En marge du premier feuillet se lit : *ad usum capucinorum Cariloci.*

43 (42). Lapide (Joh. de). *Resolutorium dubiorum.* 1 vol. in 8° (81 × 131). titres courants, manchettes, signatures a 2 à e 4 imp. en caract. goth. (37 l.) 32 f^{ets} non chiffrés.

Titre : **Resolutorium dubiorum** / circa celebrationem mis-sarum occurentium : Per ve / nerabilem patrem dominum Johanuen de lapide do / ctorem Theologum parisiensem : ordinis Cartu / sien-sis : ex sacrorum canonum probatorumque doctorum sententiis diligenter collectum.

Summa dubiorum in hoc opere resolutorum.

CLXVI.

f° a 2. **Summarium subsequentis operis** in q̄ circa mis-sarum.

f° 6. Titre courant. **Capitulum I.**

Incipit tractatus du / biorum difficultatum circa officium misse, etc.

Explicit : Reso lu orij (sic) dubiorum circa celebrationem misse occur / rentium: Per Martinum flach Argentine impressi : ad lau/ dem dei finis : Anno natiuitatis Jesu christi. M / cccc xc iiij.

Au verso : à l'encre rouge : *Iste liber est meus Johanni Dema-lavalle perochie iglesoliarum mandamenti Viverol.* Plus bas à l'encre noire : *per me compotum ab eodem hoc anno domini mi-leg° quinq° quinq̄ nag° secundo... Ducroux...* Minimes de Roanne,

Hain * 9909.

44 (30). Lira (Nicolas de), Postilla super Cantica Canticorum. 1 vol. in-4° (119 × 183), sans titres courants, signatures a iij à z v. imp. en caract. gothiques de deux grosseurs (53 f^els), la glose entourant le texte de trois côtés ; la préface (f^els 2 et 3) en petits caractères. 185 f^els non chiffrés. Titre. Postilla Nicolai de lira super / psalterium una cum canticis.

f° 1. Postilla venerabilis fratris Nicolay / de lyra super psalte-rium feliciter incipit.

f° a iiij. Incipit prologus beati Hieronimi / presbyteri in psal-terio.

Explicit psalterium.

Au v° Explicit postilla sup. librum psalmorum edita a fratre Nicho/lao de lyra ordine minorum : sacre theologie doctore excel-lentissimo.

Plus bas. Incipit tabula...

Incipiunt Cantica canticorum. Esaie xij ca.

Explicit : Explicit postilla Eximij doctoris fratris Ni/colai de lyra ordinis minorum super Canti / ca canticorum. Anno 1493 die 17 Julij.

Rel. ancienne en veau très finement estampé, ais de bois.

Au bas du 1er f^et. *Ad usum Capucinorum Roanne Catalogo Inscriptus 1657.*

Hain 10383. Pellechet. Cat. Inc. de Lyon. 389.

45 (17). Lira (N. de), Postilla in Bibliam. 1 vol. f° (65 × 216), imp. en caract. goth., à deux colonnes de 59 lignes , titres cou-rants, 235 f^els non chiffrés, signatures de AA₂ à ZZ₄, ττ. Lettres ini-tiales ornées en rouge et bleu, avec arabesques à l'encre.

F^et AA₂, Nicolai de lira, sup. esaia ad līam expositio.

Le dernier feuillet se termine ainsi : Explicit postilla. N. de lira super prophetas.

A la fin des livres de Jérémie, aux f^{els} MM, OO, OO₄, OO₅, PP₂, PP₄ d'Ezéchiel, à la fin du cahier QQ du livre de Daniel, au f^{et} YY₅, des Macchabées des espaces blancs, quelquefois des pages entières ont été réservées pour l'insertion de figures qui ne s'y trouvent pas.

Rel. raccom. moderne.

C'est une partie du t. II du Postilla in Bibliam de N. de Lyra, imprimé à Venise par O. Scot en 1488, décrit par Hain 10365. (Capucins de Charlieu.)

46. Lucianus. Dialogue. Cf. **Censorinus** nᵒ 23.

47 (52). Maimonides, Aphorismi, petit in-8ᵒ (81 × 145) 131 f^{els} non chiffrés, titres courants, signatures a ij à z iij, imp. en caract. romains (36 lignes).

fᵒ a iij, (p) articula prima incipit continens aphorismos dependen / tes a forma membrorum humani corporis virtutibus et operatoribus ipsorūm.

Explicit. Bononie impressum impensa Benedicti Hectoris librarii Ope / ra uero Platonis diligentissimi impressoris Bononiensium. / Anno gratie M. cccc lxxxxviiii quarto calenda Junii.

Suivent les aphorismes de Jean Damascène, presque entièrement lacérés.

(154 f^{els}).

Hain. *10524.

48 (348 *cab*). Missale ad usum ecclesiae Matisconensis.

1 vol. in-fᵒ (752 × 232) 6 [?] ff. non chiffrés, 312 ff. chiffrés, chiffres romains, signature de a à z, z, A à Q, caractères gothiques à 2 col. les initiales et les titres en rouge.

1er f. manque. 2e f. Calendrier : Jani prima die et septima fine minatur. f. I. sign. a. en rouge. Incipit missale ad usum ecclesie Matisconensis Dominica prima / aduentus domini. Introitus. Du f. signé 7y au f. A. imprimé à longues lignes. f^{et} 7 ij : Sanctus. Sanctus. Sanctus dominus / deus sabaoth. Pleni sunt celi et terra glo / ria tua.

f ccxi. In illo tempore. Dixit ihus disci / pulis suis.

Colophon. Benedic domine cre / aturam istam. Ut sic remedium salutari generi humano : pre / sta per inuocationem nominis tui : ut / quicumque ea sumpserit ad cor / poris sanitatem et anime tutelarum percipiat. Per dominum nostrum / (en rouge) Finitur Missale (Marque de Wensler en rouge telle qu'elle est reproduite Cat. Incun. de Lyon n° 422).

Au verso du dernier feuillet ms : Benedictio panis et vini.

Rel. anc. anc. veau estampé, clous et coins de cuivre, a subi une seconde reliure, marge irrégulièrement rognées.

49 (34). Mayronis (Franciscus de). Quadragesimale, 1 vol. in-8° (53 × 162) titres courants, signatures de a à z. ɀ. ?. A à C. imp. en caract. goth. à 2 colonnes (51 lignes) 196 feuillets numérotés, les 18 feuillets de table ne le sont pas.

Titre. Quadragesimale doctoris illuminati / Francisci de Mayronis.

f° A. 2. Incipiunt sermones aurei doctoris illu / minati Francisci de Mayronis ordinis mino / rum ab aduentu cum quadragesimali usque ad / quartam feriam post pascha.

Explicit. Francisci mayronis aurei doctoris illumi / nati sermones expliciunt. Uenetiis diligentis / sime ac summo studio impressi per Bernar / dinum de Nouaria. Anno ab incarnatione domini / M cccc lxxxxj. die vero **xx** mensis Januarij.

F° A. 2. Tabula alphabetica super primo volumine / sermonum...

1er Vol. seulement.

Rel. ancienne très endommagée, veau brun estampé..

F° a. 2. *Ad usum ff. Capucinorum Conuentus Carilocensis.*
Hain. *10530.

50 (46). Opuscula.

1° *Historia septem sapientium.* In-8° (90 × 147) 69 feuillets non chiffrés. Signatures A-j à Jij impr. en caractères gothiques 26 lignes.

F° Aj. Incipit hostoria (sic) septem sapientum / (P.) oncianus regnauit in urbe romana pru / dens valde.

Avant-dernier feuillet. Table des matières : Hic finiuntur quedam narrationes.

Dernier feuillet : Et sic est finis.

2° Cathon cum glosa sua.

In-8° (82 × 139) feuillets non chiffrés. Signatures aj à hij. Imp. en caract. goth. de deux grosseurs (40 lig.) Titre. Cathon cum glosa sua.

Fº aj. (S) ummi deus largitor pre / mii via constaus.

Dernier feuillet, en petits caractères. Expliciunt glosule cathonis et declinat / explicit expliciunt non plus inuenitur et / verborum defectiuum. / Deo gracias.

(64 feuillets).

3º De doctrina dicendi et tacendi.

In-8º (89 × 148) feuillets non chiffrés, signatures aj à bij. Imp. en caract. goth. (26 lignes).

Titre : De doctrina dicendi et tacendi : feuillet aj. Incipit liber de doctrina / dicendi et tacendi / (i). Nicio medio et fine mei trac-tatus adsit / gracia.

Explicit : Explicit liber de doctrina dicendi / et tacendi ab Alber-tano causidi / co brixiensi editus.

(17 feuillets).

4º Stella clericorum. in 8º (87 × 142) fᵉᵗˢ non chiffrés, signatures a ii à b iii. Imp. en caract. goth. (36 lignes).

fº a ii Tractatus qui stella clericorum / inscribitur feliciter incipit / (q)uasi stella matutina in medio nebule.id est predictorum / proprietates.

Avant-dernier fᵉᵗ : finit stella clericorum feliciter.

Dernier feuillet : In laudem libelli.

Aspice presentis O clerice dicta libelli.

Nonne pastoris quisquis habere voles.

(13 fᵉᵗˢ q. q.s uns d'arrachés.)

51 (48). Ordinaire des chrétiens, in 8º (48 × 146). 140 fᵉᵗˢ non chiffrés, signatures A ii à z iii, ᴤ. A iii imp. en caract. goth. à 2 colonnes, lettres gravées sur bois (36 lignes) titres courants.

1ᵉʳ fᵒᵗ L'en peut trou / uer par ceste ta / blé les matie / res du liure nom / mé lordinaire / des crestieus qui / contient cin par / ties principalles et chacune diuisée / en parties.

Avant-dernier fᵒᵗ. L'an six mille six cens soy / xante et huyt après le cou / ronnement de l'uniuersel / monde en lan mil quattre cens soi / xante et unze. Le vingt et / deuxième iour du moys de may / Après l'incarnation de nostre sau / ueur et redempte fut premièrement consum / me ce present liure esquelz aus et iours abonde plus grant mal quil pou / roit estre dit ou pense avoir este es ans et iours deuanlt ditz...

A la seconde colonne se lit :

Cy finist lordinaire des cresti/ens nouuellement imprimé à
Rouen / pour Jacques le forestier demou/rant en la parroisse sainct
Nicholas / a l'enseigne de la fleur de lys deuant / la grant eglise.

Au Vº   BALLADE.

A la louenge et bonté magnifique
De ihesucrist nostre benoist sauueur
Jay exposé le sens euangelique
Comme auez veu deuãt a la teneur
Si prie a tous de franc et humble cueur
Quen ce supportent mon simple et rude sens
Car pour finir ne scay chemîn meilleur
Que daymer dieu et ses commandemens.

Chacun doit croire un dieu en trinite
Puissant et sage et remply de clemence
Les troys sans fin conioingts en unité
Tout un vouloir et une mesme essence
Quatre persones ils sont iii sans doubtance
Mais quantes fois ils sont indifferens
Parquoy ie dy quil n'est telle assurance
Que daymer dieu et ses commandemens

Tout au premier en ce commencement
Me diront par humble affinité
Le tresioyeux et hault aduenement
De ihesuchrist source de charite
Il vint ca bas par sa digne bonte
Pour nous oster de peine et de tourmens
Parquoy nest rien pour singularite
Que daymer dieu et ses commandemens

Saincte vie et conuersation
Nous a este deuot et meritoire.
Car en ses faitz par digne ostencion
Sest apparu la vertu de sa glore (sic)
De son viril aage par sa vérité notore (sic)
A demonstre faitz merveilleux et grans
Donc il nest riens pour bonte repertore
Que daymer dieu et ses commandemens.

Il annuncoit toute voye salutaire
Pour tout bien fait et au vray manifester
Puis pour vertu en toute venue parfaire.

Le reste manque.

Sur la première page est écrit : *De conventu minimorum Roannensium.*

Rel. anc. veau en mauvais. état.

52 (1). Panormitanus (Nicolaus de Tudeschis). Super secundo
Decretalium, 3 parties en 2 vol. in-f° (165×258). Reliure moderne,
dos veau, plats carton gris.

Feuillets non chiffrés. Initiales rubriquées au vermillon jusqu'au
feuillet f. 1. Caractères gothiques de deux grandeurs ; imp. à
deux colonnes, titres courants, 60 lignes. Le tome I commence au
f° a ij. 275 ff.

F° a ij. De Judiciis — 1re col. Quoniam / hoc principium uo /
luminis non existit / in prohemio et pre / ludiis : aliter instare /
non censui : attamen / que super hoc secundo / libro aliorum
iuris ca / nonici difficillimo ac magis utili : quem de presen / ti in
hac amplissima et ornatissima Senarum urbe or / dinarie lego
labente anno domini M. ccccxxj, initium / scribendi sumpsi fluxis
decem annis : quibus iugiter / in hoc uolumine decretalium
publice legendo ela / boraui : nefas existimaui illotis : ut ita
dixerim : / manibus interpretationis materiarum attingere : ma /
xime que cuiusque rei potissima pars. principium est :... 2° col. —
Qua pro / pter ego, Nicolaus de tudisco, cathanien. siculus inter
doctores minimus ipsius scientie capitis et au / ctoris prolixe et
pie mentaliter : uocaliter uero com / pendiose presidium inuoco
una cum boetio inqui / ens...... Confisus itaque de implorato
auxilio ad ipsius honorem cuius res agitur piissi / me : ac deuotis-
sime uirginis ipsius genitricis ma / rie : gloriosissime Agate
patrone ac compatrio / te mee lucie preclarissime siculie : cuius
hodie pie / uigiliam colimus : non minus benedicti : cuius a / pueritia
habitum gero : ad destinati operis perfe / ctionem fidentiori et
feliciori animo condescendo : (aij v°) ɔ in persecutione hunc ordinem
seruabo. Primo nam / que prolixe et superflue per alios scriptis
resecatis pror / sus tacendo : vel ad loca sua remittendo : obscure-
que / tactis declaratis colligam nobilia magis substantisi / ca : et
ɋ ut plurimum cum mā examinanda non existunt....

A la suite : de iudiciis Rubrica.

Colophon : Explicit prima pars do. abbatis super secundo decretalium Papie impressa per magi / strum Franciscum de Girardenghis Anno domini M. cccc. lxxxij Januarii.

Suit la table des signatures de a à z et de A à K.

A la première page d'une écriture du xviie siècle. *Ad usum capucinorum roannæ catalogo inscriptus.* 169 f^{ets}. Notes marginales du xvie siècle.

Tome II ; commence au f^o a z : Hec rubrica / satis continuata fuit, s̄ in pre / cedenti Rubrica : lettres initiales peintes en vermillon jusqu'au f^{et} g. 3.

Colophon : Explicit secunda pars super sedendo decretalium do. ab / batis siculi Papie impressa per Franciscum de girar / dengis Anno domini M. cccc. l xxx ij die xxij marcij.

Suit la table des signatures de a à y.

Sur le premier feuillet même inscription que ci-dessus, notes marginales.

3e partie. 172 f^{ets}. Commence au titre : de exceptionibus. Viso de iure. / actorum quo muniuntur / ut lanceis seu gladiis /. Lettres initiales peintes au vermillon jusqu'au feuillet c 4.

Colophon. Domini abbatis siculi pars tertia super secun / do decretalium diligentissime emendata feliciter / explicit : per Franciscum de girardengis Pa / pie impressa. M^o. cccc^o. lxxxij. die. xxij. Madii.

Inscription sur le premier feuillet, notes marginales. Exemplaires de toutes marges (Capucins de Roanne.)

53 (24). Piccolomini (Æneas Sylvius). Pie II. Epistolæ. 1 vol. in f^o (121 × 183) 162 f^{ets} non chiffrés, sans titres courants, signatures a 1 à u 3. Caract. rom., lettres initiales en rouge. 34 lignes.

F^{et} a 1. *Pii secundi Pont. max. de Conven / tu Mantuano Epistola Prima.*

Explicit : *Has Pii secundi, pont. Max. epistolas quas diligentissime castiga/tas per Petrum augustinum philelfum impressit Mediolani/ Antonius Zarothus opera et impendio Johannis legnagni / Anno domini M. cccc l xxx i die xxxi Maii.*

Deux tables, aux feuillets non chiffrés, suivent :

1° *Tituli Epistolarum Pii secundi pontificis / maximi quæ in hoc divino vo / lumine continentur* (2 f^{ets}).

2° *Index foliorum Huius divini voluminis* (1 f^{et}).

Rel. anc. ais de bois ; la peau très abîmée laisse encore distinguer une décoration en losanges, au centre une fleur de lys, traces de clous, dos. rac.

Hain. * 169.

54 (29). **Pontificale.** 1 vol. in-4° (135 × 236) 317 feuillets chiffrés, 4 non chiffrés ; pas de titres courants, signatures a à z, A à F. imp. en caract. goth. rouges et noirs sur 2 colonnes, 37 lignes.

1ᵉʳ feuillet vᵒ. Ad reuerendissimum dominum : dominum Raphaelem Riarium sancti Georgii / Cardinalem ac S. R. E. Camerarium. Ja. de Luriis episcopi Caiacen / Epistola.

On y trouve les renseignements suivants.....

Verum quia scriptores ipsi / etiam si doctissimi summique sint. suos aliquando / habent errores. et librariis ac impressoribus perdifficile est fidem / prestare quam debent : Id subsidii prudenter excogitarunt : vt / quotcunque essent errata : aut seorsum annotarent : aut suis in lo / cis castigarentur : Que duo pariter in hoc libro pontificali ego / cum domino Johanne Burckardo preposito ecclesie sancti Flo / rentii Haselacensis. Argentinen. diocesis. sedis apostolice Pro / thonotario. Apostolicarum Cerimoniarum magistro : prestan / tis ingenii viro et usu diuturno quam peritissimo pro nostra virili / nixi sumus accurare perficere. Non solum enim illam Augustini Patritij Pientini antistitis cui totus ordo pontificum non medio / criter debet. imprimentium incuria deprauatam in aliquibus : casti / gatam tradidimus impressori...

2ᵒ feuillet. Sanctissimo in xpo patri et domino nostro domino Innocentio di / uina prouidentia pape viij Augustinus Patritius de Picolominibus episcopus Pientinus et Ucinen. se humillime commendar.....

Feuillet 3. Pontificalis ordinis liber incipit.

Explicit en rouge. Finit liber Pontificalis emendatus diligentia Reuerendi in / xpo patris domini Jacobi de Lu / riis utriusque Juris doctoris / episcopi Caiacen. et domini Joannis / Burckardi Capelle. S. D. N. / pape cerimoniarum magistri / Impressus Rome per magi / strum Stephanum Plannick / sedente Alexandro vj Ponti / fice Maximo anno eius v. / M. cccc. lxxxxvij. Die xvj. Au / gusti.

Le dernier feuillet porte : Recognitio erratorum in hoc li / bro ι est emendandus in suis / locis hic annotatis.

Couv. en parchemin. Au f° a est écrit : *Jo Jurdey Canonicus Eduen.*

Hain *13 286.

55 Plutarchus. De invidia et odio. cf. *Censorinus* n° 23.

56 (54) Sallustius. De bello Catilina et Jugurtha. 1 vol. in-8° (80 × 143) 157 ff. imp. en caractères romains, 22 lignes, f^ets non chiffrés, signatures a ij à v iij. : espace réservé pour des lettres ornées.

f^et a ij. *Caii. Crispi Salustii | De Lucii Catiline coniuratione liber fe | liciter incipit.*

(O) *Mnis homines qui sese student | prestare ceteris.*

f° 36. *Caii Crispi Salustii | de bello Iugurthe con | tra populum romanum liber feliciter incipit.*

f° 105. *C. Crispi. Salustii. de bello. iugurthino. liber | finit feliciter.*

Nunc parat arma virosque sil' rex maximus orbis.

Hostibus antiquis exilium minitans, etc.

Au verso : *Philippus Beroaldus bononiensis Guliel | mo Franco Salutem.*

f° 107. *Incipit prima inuectina. | M. T. C. in. L. Catilinam : in presentia eius | in senatu.*

Explicit. *C. Crispi Salustii de bello | Catilina et Iugurtha una cum Inuectiuis Im | pressum parisius per Georgius mittelhus.*

Au dos la marque de l'imprimeur.

Rel. mod.

57 Stella Clericorum. Cf. *Opuscula* 4°.

58 (32) Terentius, Comediae. 1 vol. in-4°. (122×175) titres courants, signatures a à z, &. A à Q, imp. en caractères romains de deux grosseurs; la glose 46 lignes () encadre le texte de trois côtés : nombreuses figures sur bois. 319 f^ets non chiffrés.

Titre. *Guidonis Iuuenalis natione Cenomani | in Terentium familiarissima interpretatio cum figuris unicuique scænæ præpositis.*

f° a ij *Guido Iuuenalis Germano de bancio uiro sena | torio: bonorumque litterarum amantissimo. S. P. D.*

f° a iii *Guido iuuenalis. Nicholao de capella uiro/multis laudi-*
bus efferendo. S. P. D.

f° 4. *Quid comœdia, unde dicta, quot eius spēs. quot membra*
quotque actus sunt.

1° Q iiii. Explicit.*Impressum est hoc opus Cura atque impensis*
Magistri Iohannis Trechsel. In ci/uitate Lugdunensi. Anno
M.CCCCXCIII. ad quartum kalendas septembrias.

A la suite. *Io. Ba. Ascensius. Lectoribus Salutem dicit.*

Guido Iuuenalis Martino Guerrando iuris utrius que & pon/
lificii & Cœsarii peritissimo atque uenerandi in Christo pris/præ-
sulis cenomanen. secretario dignissimo. S. P. D.

Guido Iuuenalis Nicholaum Peletarium/ iuris legumque consul-
tissimum atque in omni do/ctrina conspicuum multa salute iubet
impartiri.

Guido Iuuenalis Michaeli Burello/ sacrosanctae theologiæ pro-
fessori/ per q erudito S. P. D.

Le dernier f^et est occupé par des vers.

Guidonis Iuuenalis Natione Cenomani/ epigramma super causa
operis suscepti.

Et :

Iohannis Egidii Nuceriensis/ epigramma ad iuuenes ; marque
d'imprimeur en rouge.

Au dos du plat de la 1re couverture est écrit *Paparin.*

Reliure ancienne, ais de bois, veau brun, bordure estampée,
au centre losanges et fleurs de lis au fer, dos raccommodé.

Hain * 15424.

59. Tabula Cebetis. Cf. Censorinus n° 23.

60 (7). Thomas (S.) de Aquino. Summa theologiæ. 3 parties
en 1 vol. in f° (750 × 243) Reliure ancienne, ais de bois, veau
gaufré, fleurs de lis, aux coins l'écusson aux trois fleurs de lis,
surmonté de la couronne royale, dos raccommodé.

1re partie 183 f^ets chiffrés ; titres courants (f^ets 1 à 183) signature
de a à z iiij, imp. à deux col., 72 lignes, caractères gothiques,
espaces réservés pour les lettres initiales, le titre manque.

Incipit secundus Liber secunde partis beati thome / de aquino
ordinis predicatorum. /

A la fin.

Liber secundus partis secunde Beati / Thome de Aquino ordinis predicatorum finit : Impressus Vene/tiis opera et diligenti cura Jo/annis rubei Uercellencis /

Regnante Augustino / Barbadico Serenis / simo.

Uenetiarum/ principe v. Idibus / sextiles / 1495.

(Hain. 1467).

2ᵉ partie — 128 fᵉˡˢ chiffrés (3 à 128), titres courants, signatures a ij à q iiij, imp. à deux colonnes, caractères gothiques, 69 lignes, espaces réservés pour les lettres initiales fᵒˡˢ 2 à 51, de 52 à 125, lettres capitales initiales gravées sur bois.

fᵒ 126 : Explicit illud quod habetur de tertia parte summa san/ cti Thome de Aquino ordinis fratrum predicatorum que preuentus morte eam perficere non potuit. / Laus deo.

fᵒ 126 vᵒ à 128 vᵒ, table. Incipiunt tituli tertie partis summe sancti Thome / de Aquino.

A la fin : Explicit tabula sancti Thome de Aquino super eius tertiam partem.

3ᵉ partie. 98 fᵉˡˢ chiffrés (1 à 98), titres courants, signatures A à M 5, lettres initiales gravées sur bois, imp. à 2 col., caract. goth. (69 lignes).

Incipit : De partibus penitentie in speciali, et primo de con / tritione / Questio prima.

Colophon. Expliciunt adjitiones Tertie partis summe diuini / doctoris Sancti Thome de Aquino. Sacri ordinis fra / trum predicatorum. Impresse in inclita Uenetiarum ciuitate / Una cum ipsa tertia parte per Philippum pinzium mantuanum. / Anno salutis dominice. M. cccc lxxxxiij. Die. xij. Se / ptembris. Solerti Diligenti que cura emendate Per quen / dam Reuerendum patrem Uite regularis eiusdem ordinis. / **Innocentius papa in sermo / ne. ecce plusquam Salomon / nis de sancto doctore thoma / de aquino.**

Huius doctoris sapientia. Preceteris, excepta ca / nonica, habet proprietatem verborum modum dicendorum. Uerita / tem sententiarum Ita ut nunquam q eum tenuit inueniatur a tra / mite veritatis deuiasse. Et que eum impugnauit. Semper / fuit de veritate supectus.

A la suite Registrum,

Fᵉˡ 96 à 98. Table — fᵒ 98. Expliciunt rubrice additionum / LausDeo Les deux derniers fᵒˡˢ de la table sont chiffrés par erreur 95 et 96.

(Hain 1471).

Au bas du dernier feuillet signature manuscrite *Gambin Pbre.*

61 (19) Thomas (S.) de Aquino. Summa. Partie III. 1 vol. in f°
(50 × 173), 346 f⁰ˡˢ non chiffrés, titres courants, signatures a 6 à
z 5, ꝛ, ?, ꝛ, A à K ₄, imp. à 2 col. caract. goth., 47 lignes. Lettres
rehaussées de rouge et de bleu. Exemplaire incomplet du début.
Commence au f⁰ˡ a ₆. In nomine sancte ac indiuidue Trinitatis. /
Incipit prologus tertie partis summe / beati Antonini archiepiscopi
florentini / ordinis predicatorum : ac omnis scriptu / re exposito-
ris diligentissimi.

Se termine ainsi : Domini Antonini archiepiscopi flo / rentini
dignissimi sacre scripture inter / pretis explicit prima pars summe
sequi / tur secunda.

D'après *Hain 1243, ce serait la première partie du t. III de l'édi-
dition imprimée à Venise par Nicolas Jenson en 1477.

Reliure mod. raccom.

62 (8) Thomas (S.) de Aquino. Opuscula. 1 vol. in f° (77 × 240).
Rel. ancienne veau gaufré, dos raccommodé.

F⁰ˡˢ chiffrés 2 à 341, titres courants, signatures a a ₂ à z z⁴,
ꝛꝛ à rr ₄, ?? à ?? ₄, ꝛꝛ à ꝛꝛ ₄, AA à RR ₃ ; imp. à deux col. caract.
goth. titres, initiales gravées sur bois, fig. dans le texte, 65 l. à
la colonne.

Titre : Opuscula Sancti Thome : quibus aliàs / impressis nuper
hec addidimus, videlicet /

Summam totius logice /

Tractatum celeberrimum de usuris nusquam / alias impressum.

Explicit. Explicit opusculum. 73. et ultimum Sancti Thome de
Aqui / no. Sacri ordinis Fratrum predicatorum : de usuris in
com/muni : de usurarum contractibus in mutuo : venditione et
em / ptione, et de usurarum restitutione.

A la suite, la table qui va jusqu'au f⁰ˡ 341 v°.

Colophon : Impressum Venetiis mandato et / expertis Nobilis Viri
Domini Octauia / ni Scoti Ciuis Modoetiensis. Cura / et ingenio
Boneti Locatelli Bergo/mensis ii°. Kal. Januarias 1498. (Marque
de l'imprimeur). Ensuite vient le Registrum.

Au v° du f⁰ˡ de titre se trouve la « Tabula opusculorum ». Du f⁰ˡ
2 au f⁰ˡ 11 s'étend la préface qui commence ainsi : Antonij pizamani patricij Veneti doctoris clarissimi / in diui Thome Aquinatis
vitam prefatio ad Augustinum / Barbadicum Venetorum principum
illustrissimum.

Elle contient les renseignements suivants : « Non potui itaque Augustine Barbadice princeps / serenissime diutius perpeti ut diuini Thome perspicua vi / ta sanctissimique mores limo quodam abruta iacerent et la / tini omnes suo tanto commodo non letaretur : cuius presertim scripta / toto orbe celebretur : cunctaque gymnasia personet : ipsorum āt au/ctorem atque parentem ignorari turpe esse duxi... Cette préface contient (1ʳᵒ col. du fᵉᵗ 2 à la 2ᵉ col. du fᵒᵗ 6) la vie de St-Thomas, (du fᵉᵗ 6 au fᵒᵗ 7 vᵒ) Copia litterarū / canonizationis sancti Thome de aqui / no ordinis predicatorum Canonizati per dominum Joannem papam, 22, 1323, i8 die Julij i (du fᵉᵗ 7 vᵒ au fᵉᵗ 9). Incipit officium quod fit in festo beati Thome de aquino ; (du fᵉᵗ 9 rᵒ au fᵉᵗ 10) Incipit officium / In translatione beati Thome de aquino ; le fᵉᵗ 10 est occupé par l'Epistola universitatis parisiensis in favorem doctrine / Sancti doctoris ; au recto, en plus gros caractères : Antonij Pizamani Patricij Veneti. Do/ctoris clarissimi in divi Thome Aquinatis opu/scula prefatio ad Reverendissimum in xpo Pa/trem. D. Dominum Nicolaum Francum Tarui/sinum episcopum : ac legatum Apostolicum.

(Hain. 1542).

Annotations marginales mss. au milieu du volume ; sur la page de titre : *Ad usum ff. Capucinorum Conuentus Carilocensis*.

63 (9). Thomas (S.) de Aquino.— Commentaria in epistolas beati Pauli. 1 vol. in-fᵒ (70×203). rel. ancienne, ais de bois, la peau a en grande partie disparu. 279 fᵒⁱˢ non chiffrés, titres courants, signatures de a à z et de A à Z., imp. à deux colonnes, caractères de deux grosseurs, caract. goth., 66 lignes, lettres initiales grossièrement coloriées à la main.

Titre : Diui Thome de Aquino ordinis pre/dicatorum commentaria in omnes epi/stolas beᵃti Pauli apostoli : gloriosis/simi gentium doctoris. profundiora/ theologie accurate dilucidantia/.

Fᵉᵗ a2, en titre. Prologus // Feliciter incipit commentaria clarissimi/ doctoris, angelicique ac communis sancti / Thome de aquino ordinis predicatorum/ super epistolas sanctissimi gentium doctoris/ pauli apostoli correcta emendataque summa cum / diligentia. ac ingenti solicitudine per me fra/trem petrum de bergamo. ordinis fratrum/ predicatorum sacre pagine minimum professo/rem Et prima super epistolam ad romanos.

Colophon : Finit explanatio sancti Thome de aquino ordinis fra/

lrum Predicatorum in omnes epistolas beati Pauli apostoli/ caracteribus Michaelis furter Basilee impressa : ductu ve/ro et impensis Uualfangi Lachner studiosis in medium/ data feliciter. Anno
a partu virginis salutifero. Mille/simo quadringentesimo nonagesimo quinto, Die vero/decima sexta mensis Octobris.

A la suite : registrum. La table signalée par Hain, manque
(Hain 1339. Pellechet cat. Inc. de Lyon. 561).

Sur la page de titre. *Ad usum ff. Capucinorum conventus cari-*
locensis.

64 (40). Utino (Leonardus de) Sermones aurei de Sanctis. 1
vol. in-8 (42 × 143) f^{ets} non chiffrés, sans titres courants, sans signatures : imp. en caract. goth. carrés à deux col. (45 lig.). Initiales
rouges et bleues. 321 f^{ets} non chiffrés.

f° 2. Sermones aurei de Sanctis / fratris Leonhardi de Vtino
sa / cre thealogie doctoris ordinis pre / dicatorum.

Prologus.

f° 3. 1re colonne 14e ligne. Itaque horum religionem / et officium professus. Ego frater Leo / nardus de Utino inter sacre theo
/ logie doctores minimus : sanctissi / morum ac fortissimorum
virorum exem / pla. Cum apud preclaros nobiles / Utinenses plu-
rimus sermonibus ha / ctenus exegissem. Constantiores / feci, ne
quid in virtute acerbum / et intollerandum existimarent. Sic /
quondam Plato.....

Le dernier sermon : f° 318 v° porte comme titre : In dedica-
tione ecclesie sci Petri / martiris de Utino. Sermo.

Explicit : Expliciunt sermones aurei de / sanctis per totum
annum, quas / compilauit magister Leonardus / de utino sacre
theologie doctor / ordinis fratrum ad instantiam et complacen-
tiam / magnifice comitatis (sic) Utinensis ac / nobilium uirorum
eiusdem. M. / cccc xlvi^o, in uigilia beatissimini / patris nostri
Dominici confesso / ris. Ad laudem et gloriam dei / omnipotentis
et totius curie tri / umphantis.   Laus deo.

f° 320 v° Hec est tabula omnium sermo / uum contentorum
hoc uolumine......

f° 324 r°. Registrum huius libri.

Rel. anc. veau estampé et décoré de fers ; a été raccommodé et
le bas des pages a été rogné.

Au bas du 1ᵉʳ et du dernier feuillet se lit la signature *Gambin Pbre.*

Au haut du 2ᵒ feuillet. *Ad usum Capucinorum cariloci..*

65 (28). **Valerius Maximus.** Memorabilia, 1 vol. in-4ᵒ (150 × 226). titres courants, signatures a à z, &, ?, ꝙ. Imp. en caract. romains de deux grosseurs; la glose entoure le texte de trois côtés, 43 et 56 lignes. 206 feuillets non chiffrés.

Les deux premiers feuillets non signés contiennent : Valerii Maximi dictorum et factorum memorabilium ecclesiae, classés par livres et par chapitres; **Valerii Vita** et le **Registrum.**

Fᵒ a. **Valerii Maximi factorum ac dicto / rum memora- bilium : liber ad Lybe / rium Caesarem. Prologus.**

Au verso marque de l'imprimeur.

Dernier feuillet, du même corps de caractère que la glose : Opus Valerii Ma. cum cū oīhoī Leōicēī uiri prestantissimi examinata interpretatioue explicit. Impressum / Venetiis per Dionysium : & Pelegrinum Bononienses. anno domini mccccLxxxv. Die uero xx Aprilis.

Rel. moderne. Sur la première page de garde : *Pro magistro farone foulc pbro canonico ecclesie melcon.*

Au haut du feuillet a : *Collegii Roannensis soc. Jesu. Cat. Ins- cript.*

Hain *15 787.

66 (27). **Vincentius Bellovacensis,** Miroir historial. 1 vol. in-4ᵒ (50 × 162) pas de titres courants, signatures aij. Biii, ai à ziiii, ꝗ, ?. q, q'. imp. en caract. goth. à 2 col. 28 lignes, lettres grossièrement gravées sur bois. 258 feuillets non chiffrés. Lés cahiers signés A et B sont occupés par la table. Au dernier feuillet : Cy finist la table de ce present liure / Amen.

Feuillet ai. Cy commence ung compendieux liure du mirouer / historial au quel sont en bref et clairement récitées les / histoires de la Bible commencant a la création du monde / dadam et eue et des beaulx faiz de moyse et aaron et comme / ilz eurent le peuple disrael en gouuernement Et com / ment ilz le deliuererent de la seruitude de pharaon et des / egipciens Et les preexcelentes gestes des grecs et des / troiens Et de Alixandre monarche de tout le monde Et / des merueilleux faiz des romains Et de plusieurs roys bellicqueux et daultres magnanimes et nobles princes / dignes de perpetuelle memoire Semblablement sont / recitées les histoires et beaux faiz des enfans disrael et / de leurs ennemis Et plusieurs aultres choses merueil / leuses a ouyr lire.

Il manque deux feuillets au debut, et cinq à la fin; rel. mod.

Mlle Pellechet qui a vu cet exemplaire l'attribue à Buyer de Lyon et le date de 1477.

————

ERRATUM

N° 35 (5). FERRARIIS... dans la Préface : *Grecis litteris litteris;* le second *litteris* est à supprimer.

TABLE DES PROVENANCES DES VOLUMES

Capucins de Charlieu (19 vol.) nᵒˢ 3, 10, 11, 16, 17, 18, 19, 20, 21, 29, 34, 35, 38, 41.
45, 49, 62, 63, 64.
Capucins de Roanne (4 vol.) nᵒˢ 8, 36, 44, 52.
Jésuites de Roanne (2 vol.) nᵒˢ 25, 65.
Minimes de Roanne (8 vol.) nᵒˢ 7, 9, 23, 30, 32, 37, 43, 51.

TABLE DES NOMS DE VILLES

OU ONT ÉTÉ IMPRIMÉS LES OUVRAGES DÉCRITS DANS CE CATALOGUE

TABLE DES NOMS D'IMPRIMEURS ET DE LIBRAIRES

Imprimerie polyglotte Fr. Simon, Rennes.

9 782019 931285